D'ART EN ART

Stéphanie Grousset-Charrière

ISBN-10: 1530525578
ISBN-13: 978-1530525577

A Claire, ma fée, ainsi qu'à mes cousines,

Agnès, Diane et Lucie.

Vous êtes un artiste coloriste.

Je suis une artiste dessinatrice.

Allons bras dessus, bras dessous,
Nous promener sur l'Art en faisant
Converger mes traits et vos couleurs

Amusez-vous à repérer ma signature cachée
Ainsi que la petite planète suspendue de-ci de-là.

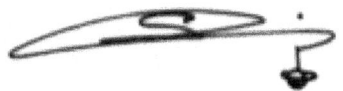

TABLE DES DESSINS

p. 9   Les roseaux

p. 11   Le flamand

p. 13   Comme un poisson dans l'eau

p. 15   Chat guettant

p. 17   Le bouquet à la mère

p. 19   Tréfonds marins

p. 21   Tic Tac Swing

p. 23   Le petit roi

p. 25   Le cirque au trésor

p. 27   Jazz Band

p. 29   Sur sa branche perché

p. 31   Une famille exotique

p. 33   Au pays des merveilles

p. 35   Paonne et panneau

p. 37   Tourner la page

p. 39   Des racines et des mots

p. 41   Jeux d'amour

p. 43   Qu'il est loin l'âge tendre

p. 45   La chambre d'enfant

p. 47   Maman louve

p. 49   Une épave à la mer

p. 51   Orage et Terre

p. 53   Connivence

p. 55   Les deux font la paire

p. 57   Romance

p. 59   Issue de secours

p. 61   Des becs et des crocs

p. 63   Par la fenêtre

p. 65   Rêveries psychédéliques

p. 67   Les canards à l'horizontal

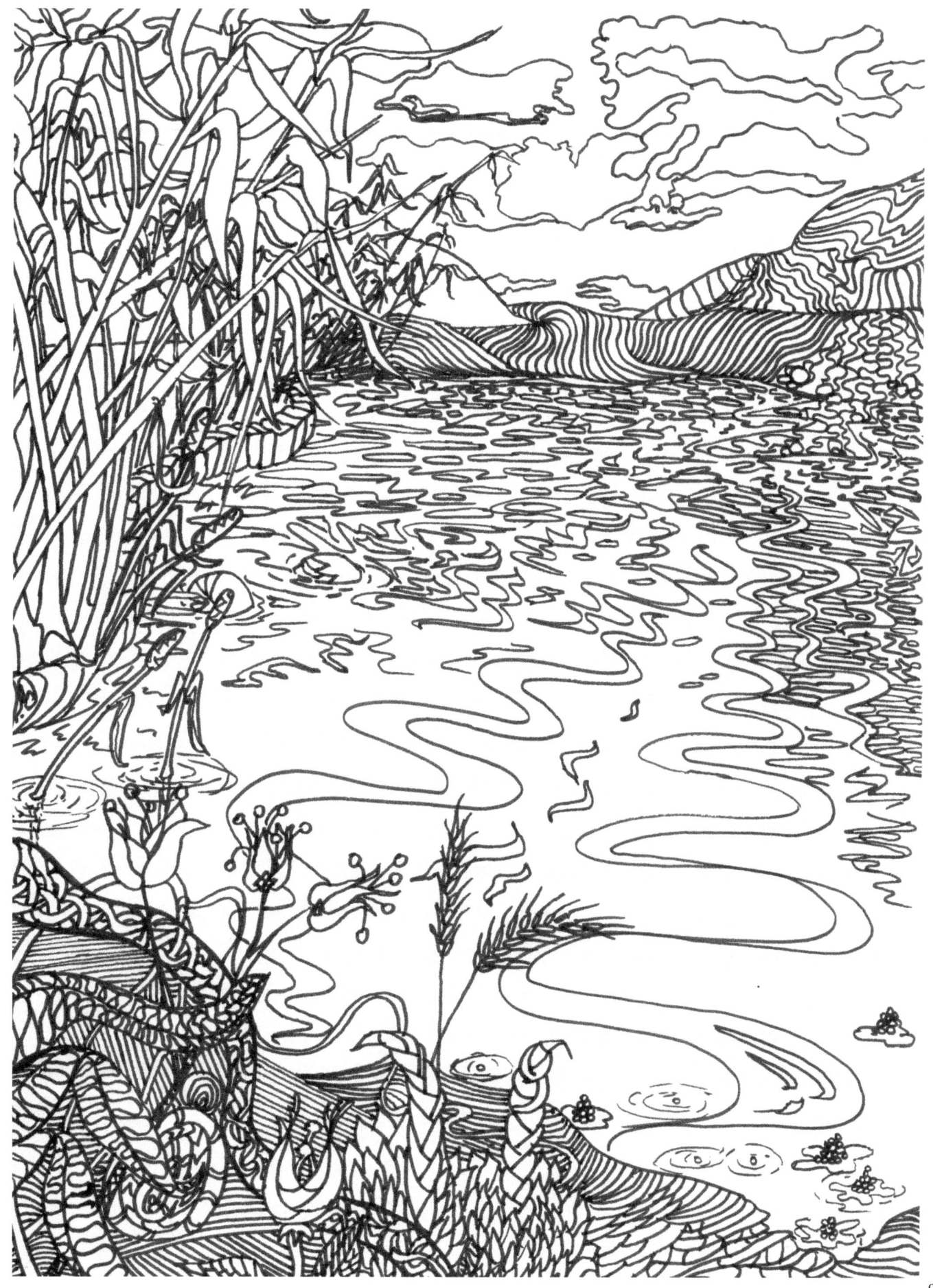

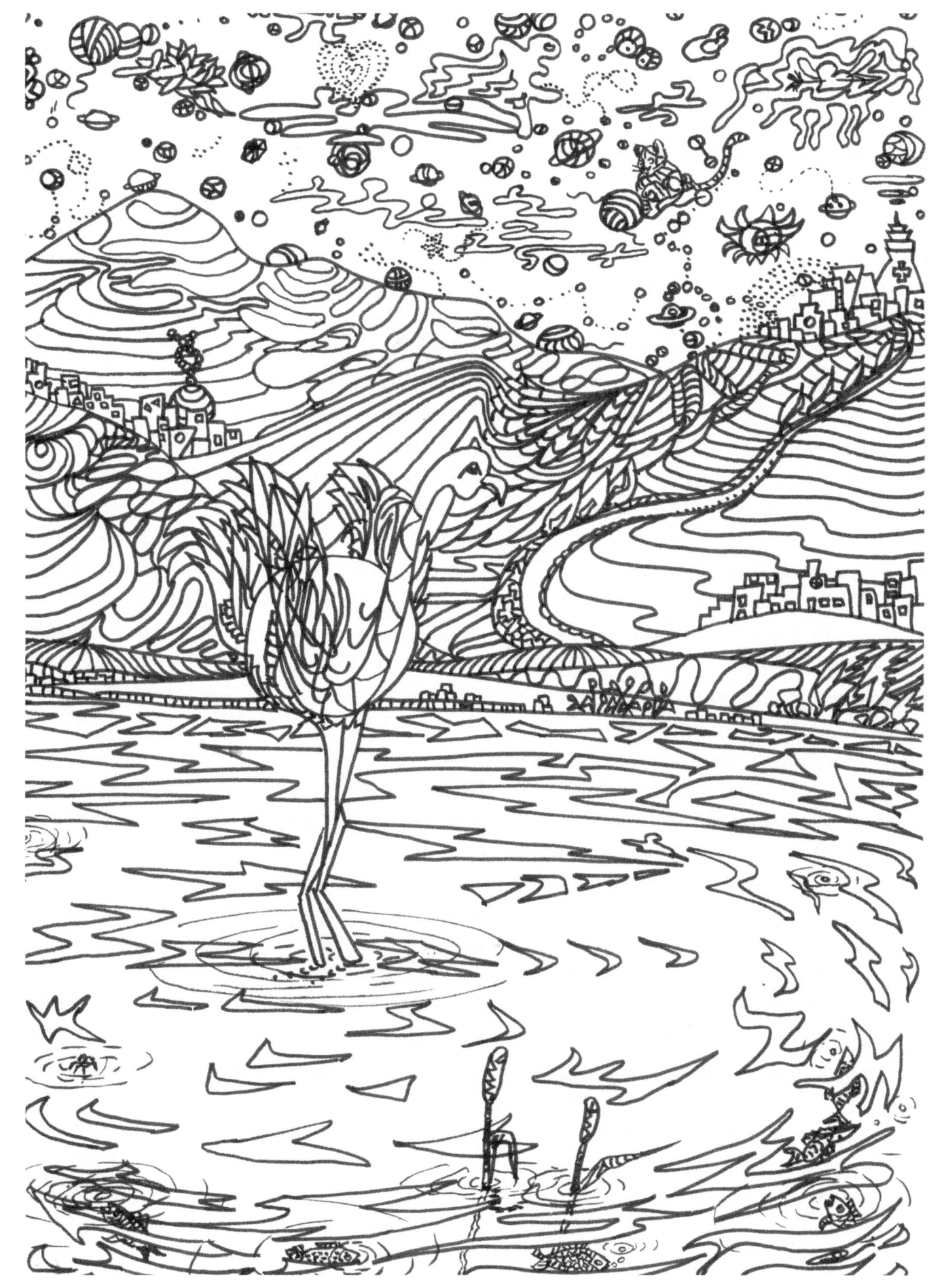

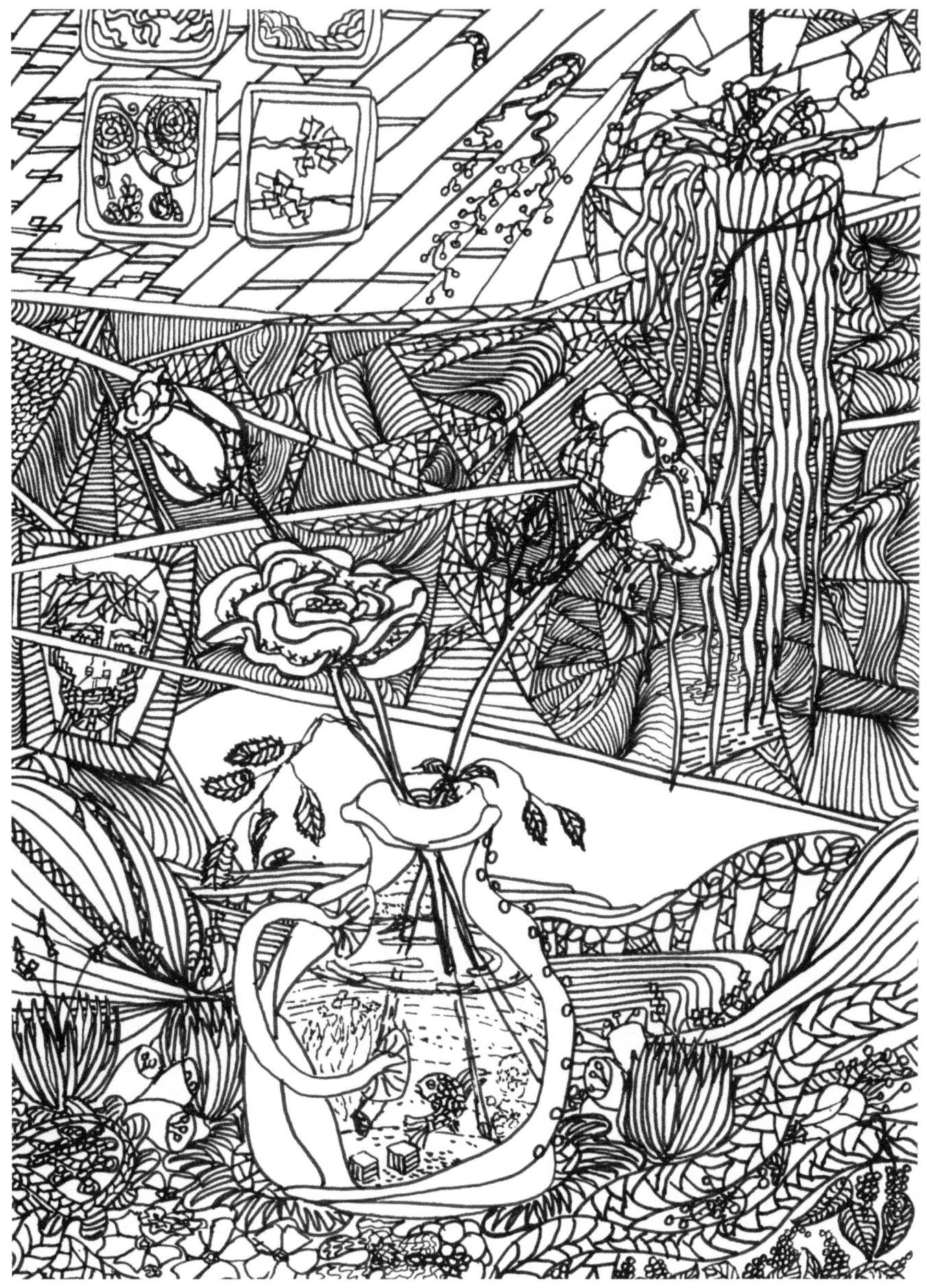

13

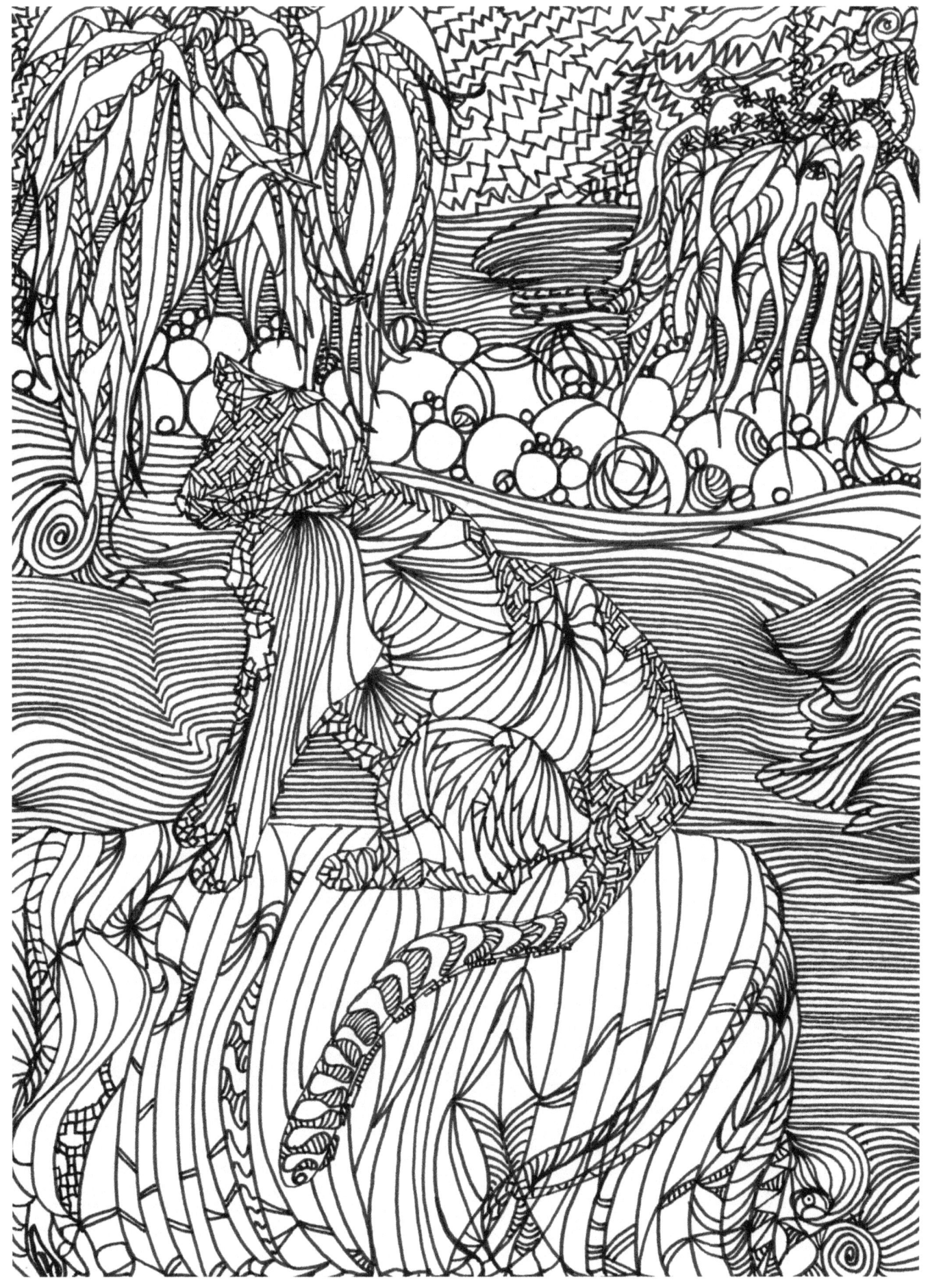

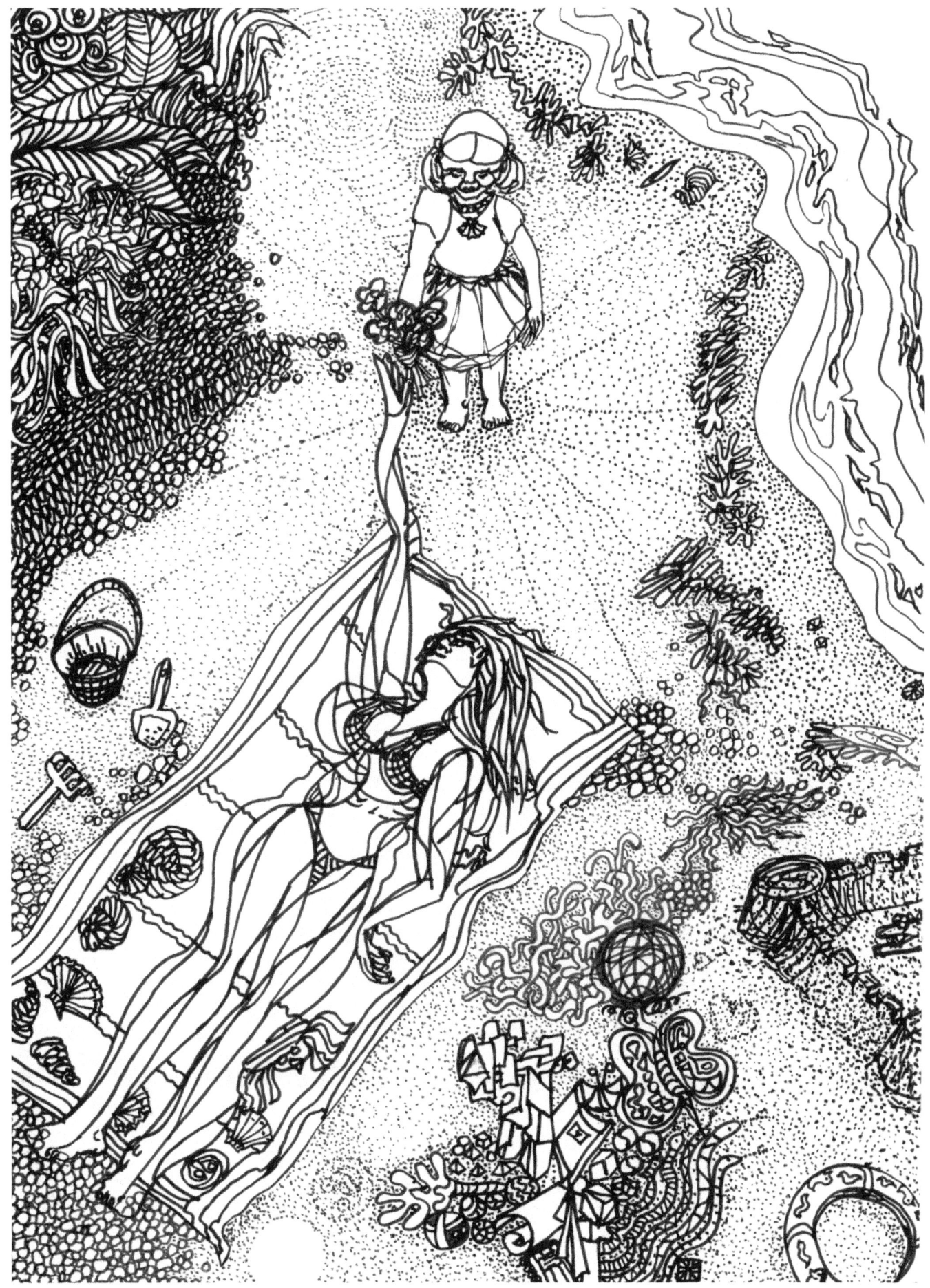

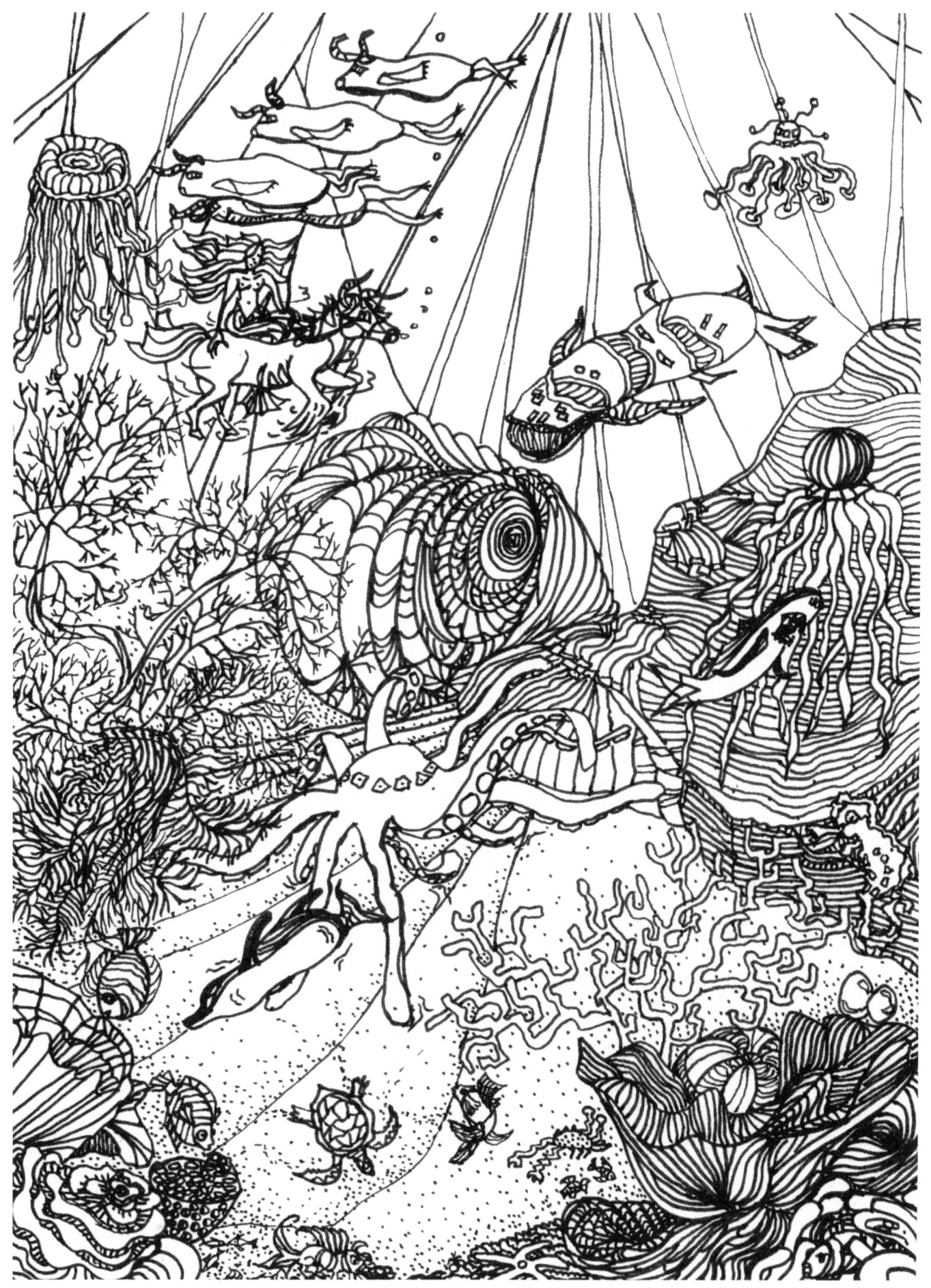

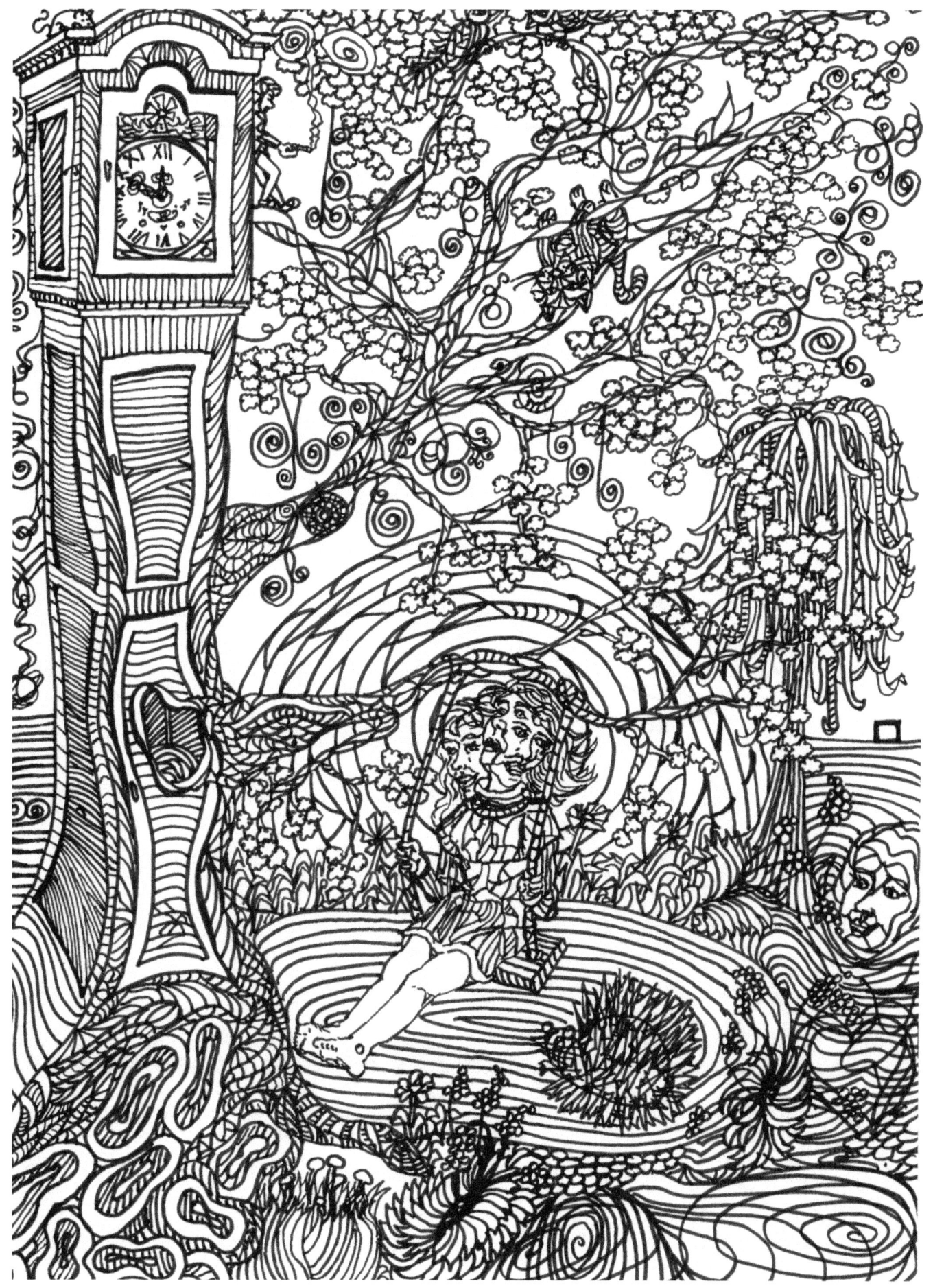

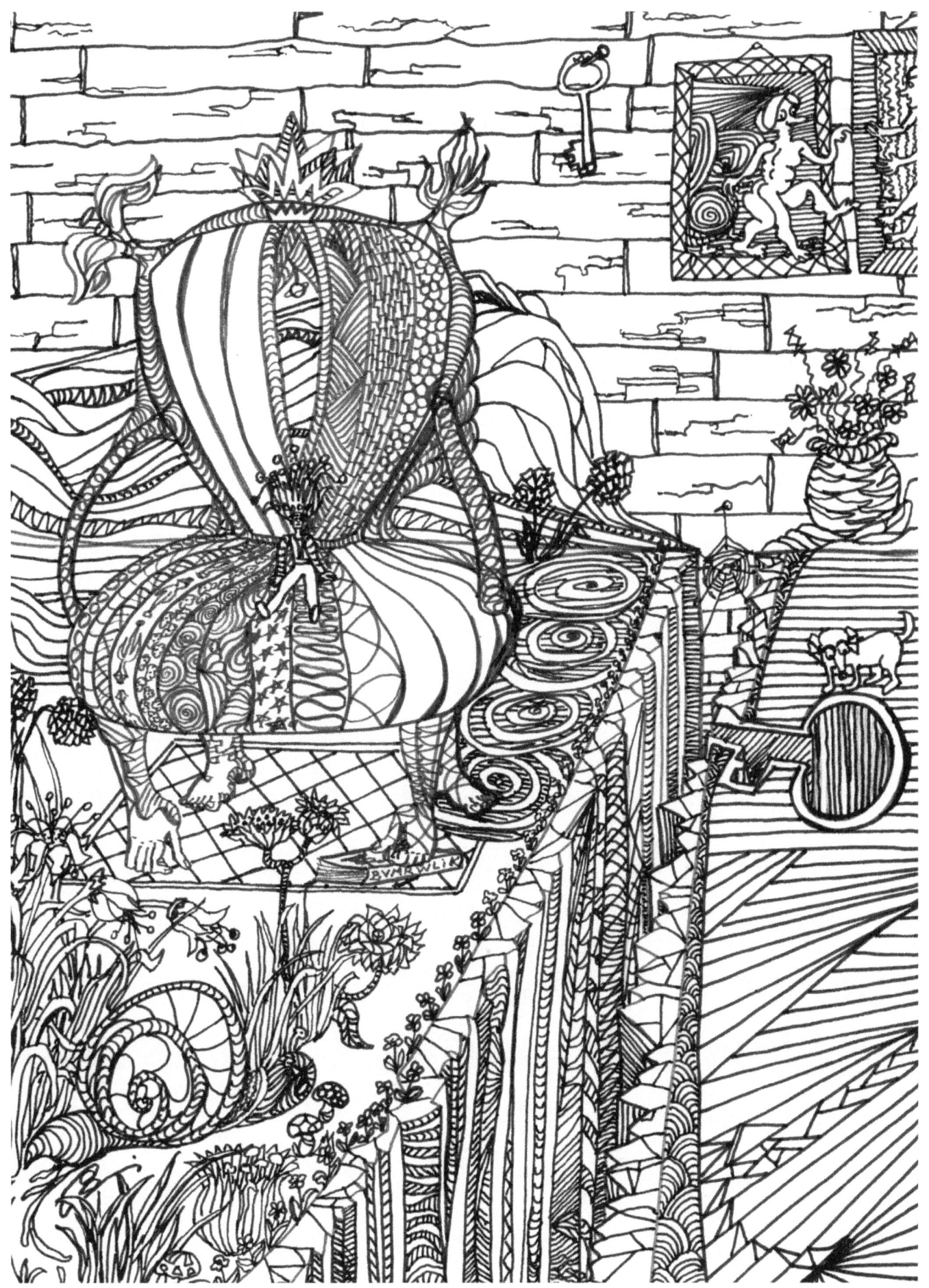

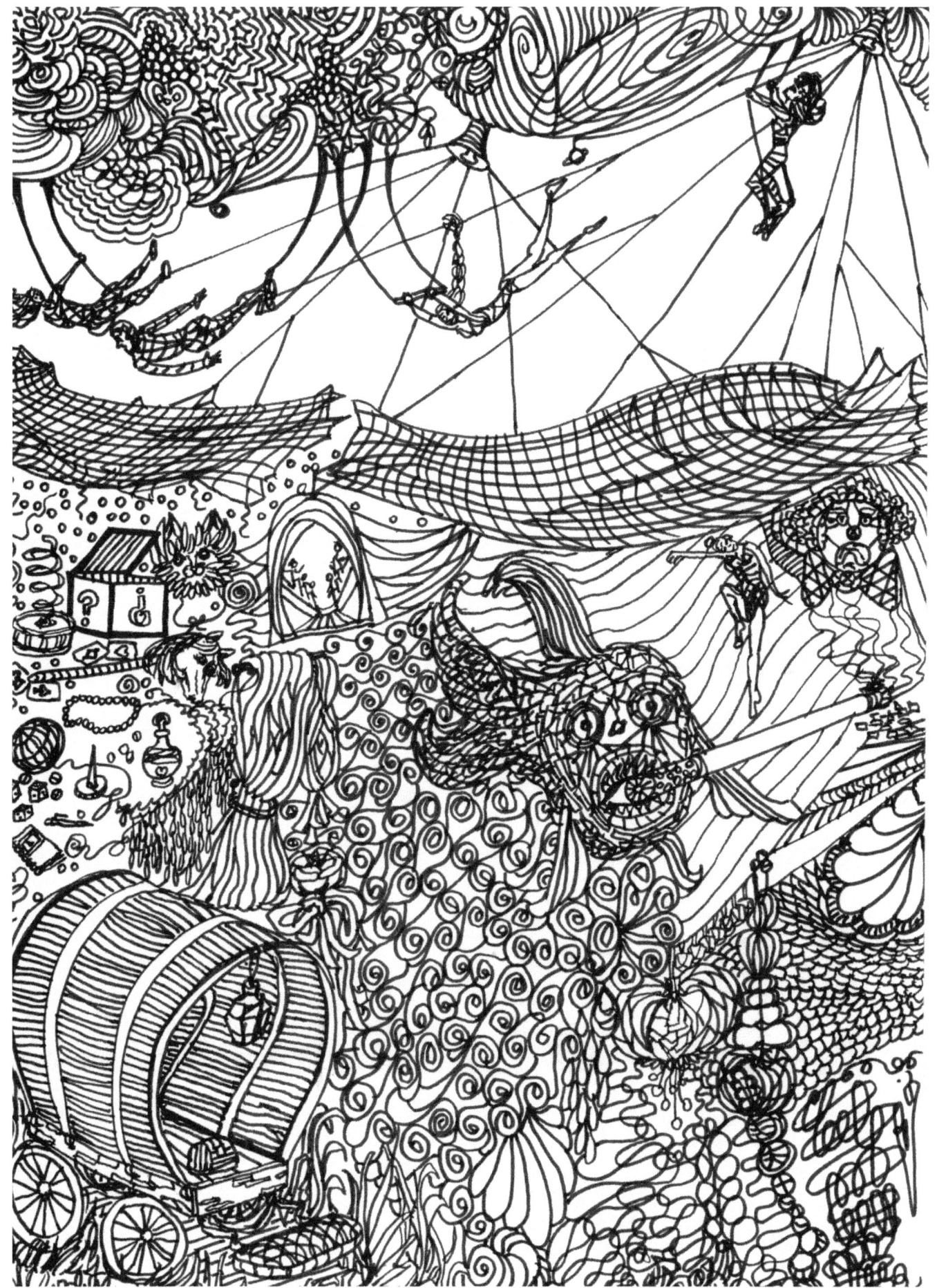

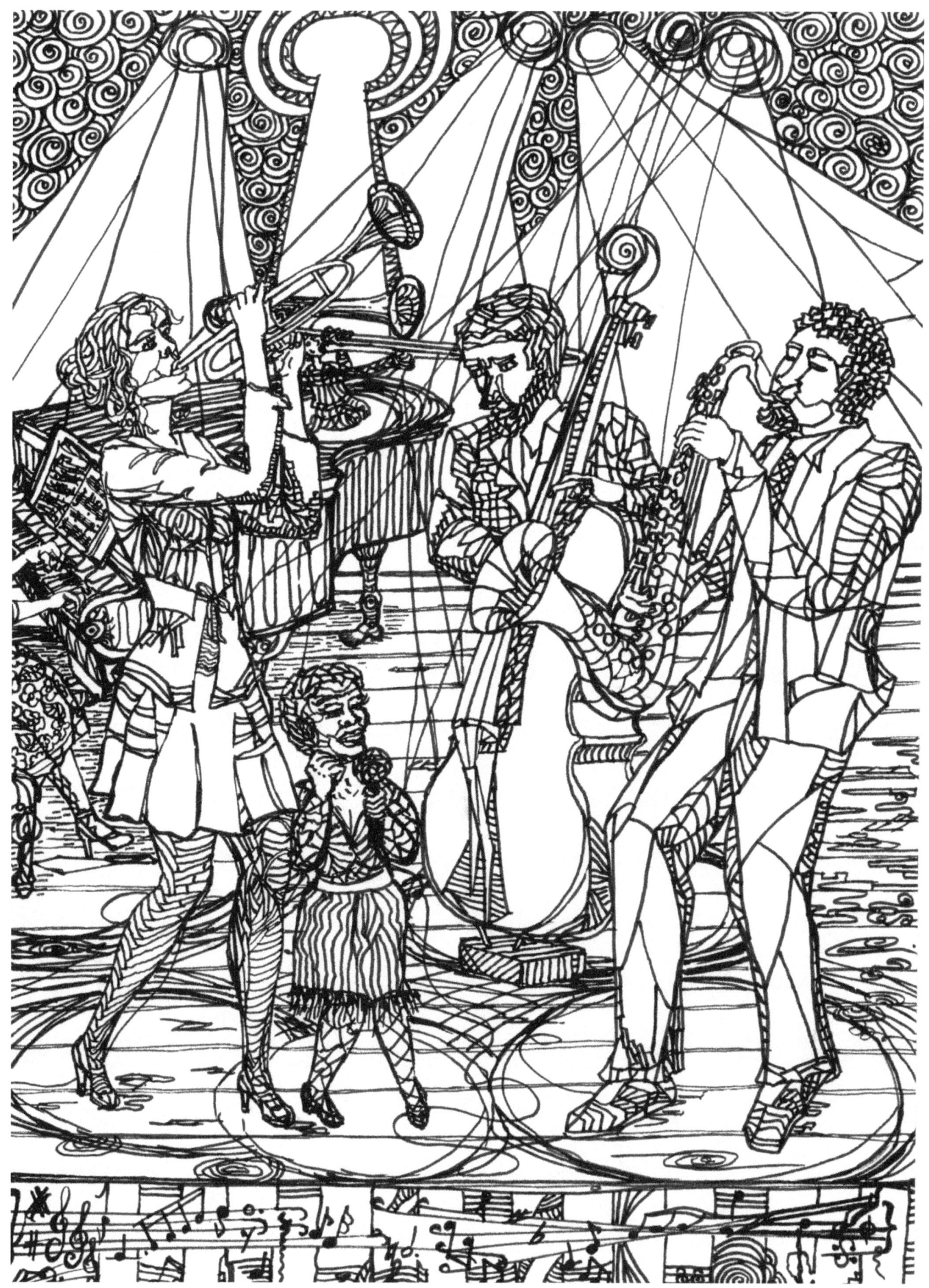

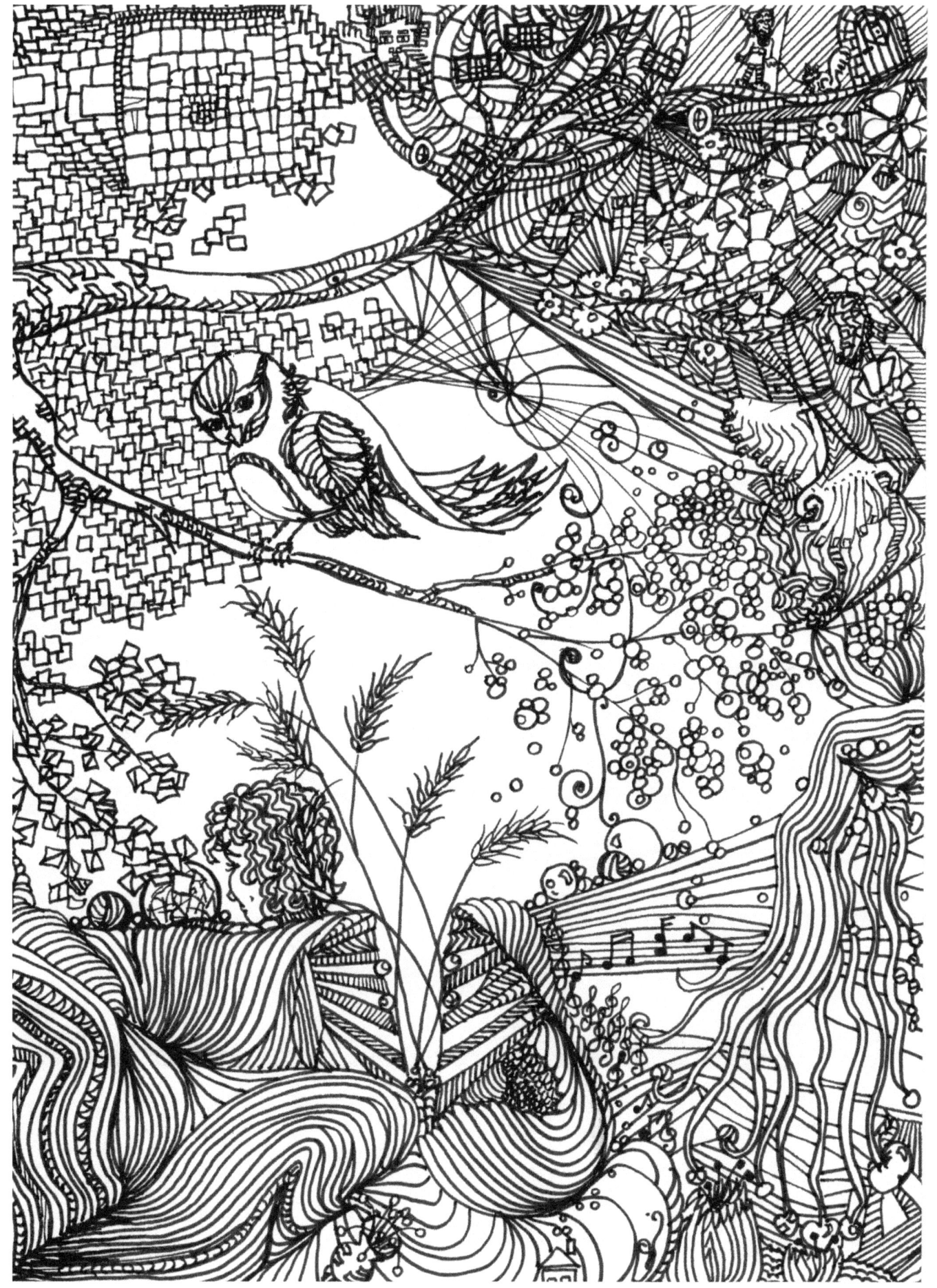

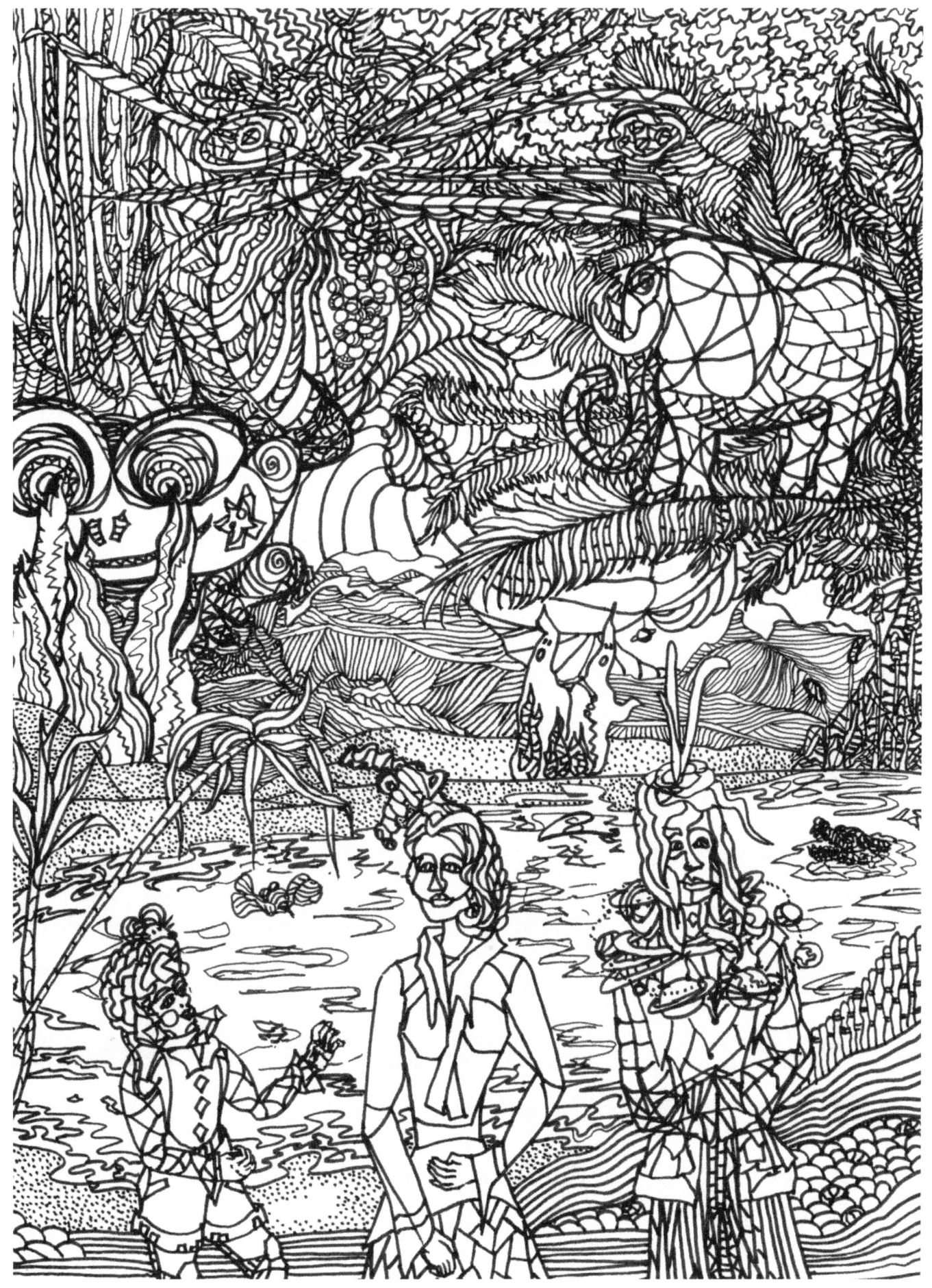

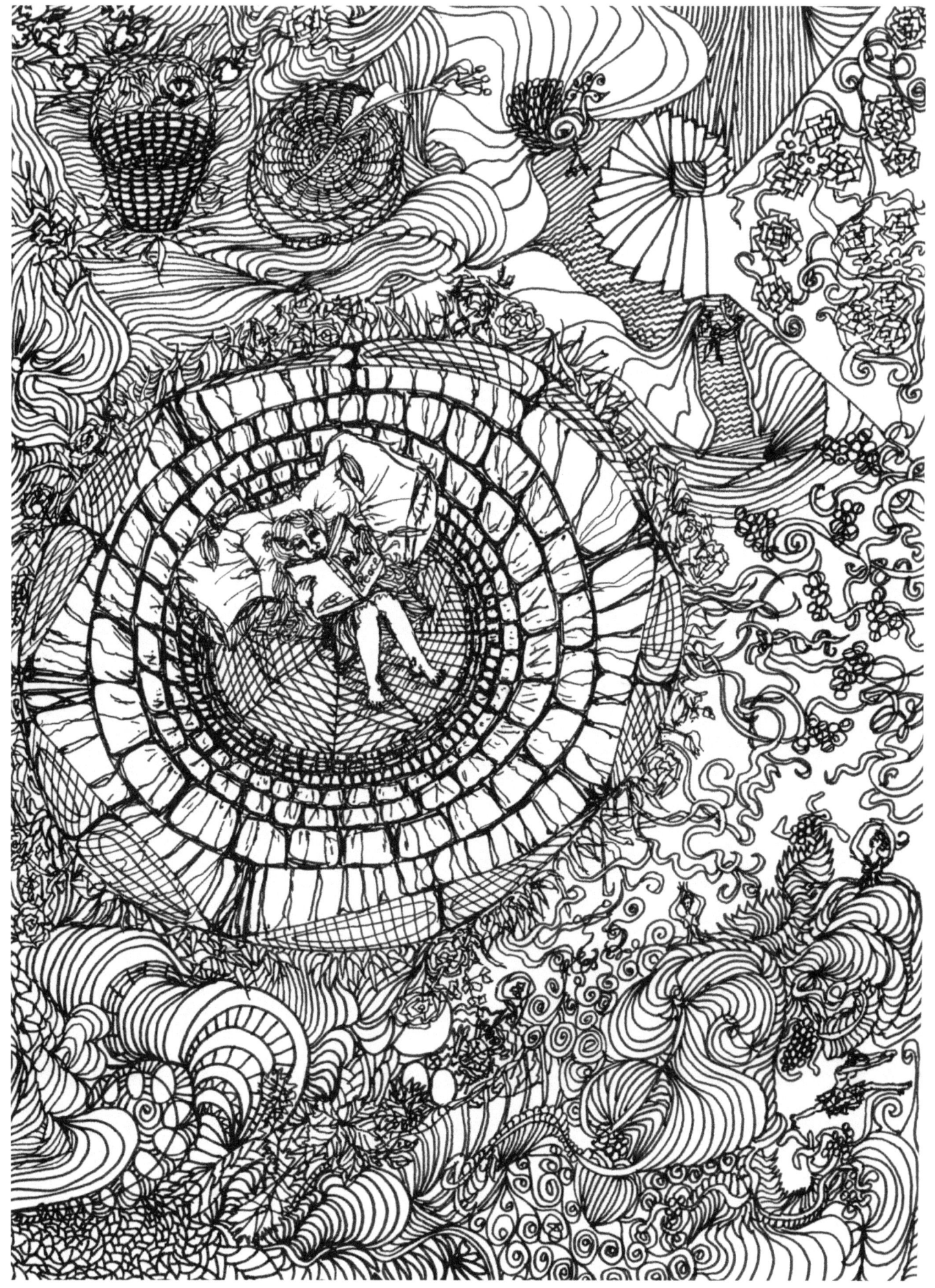

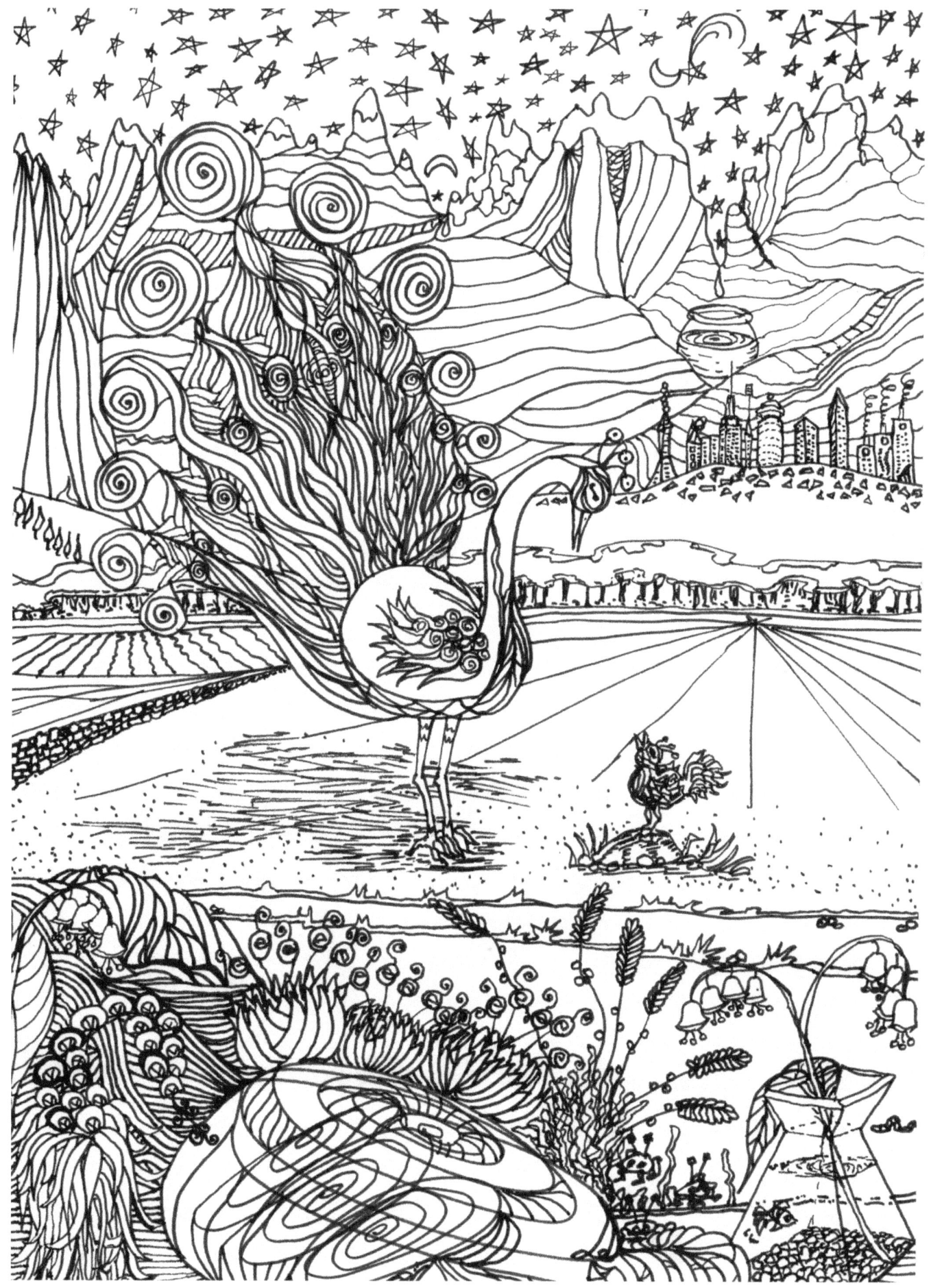

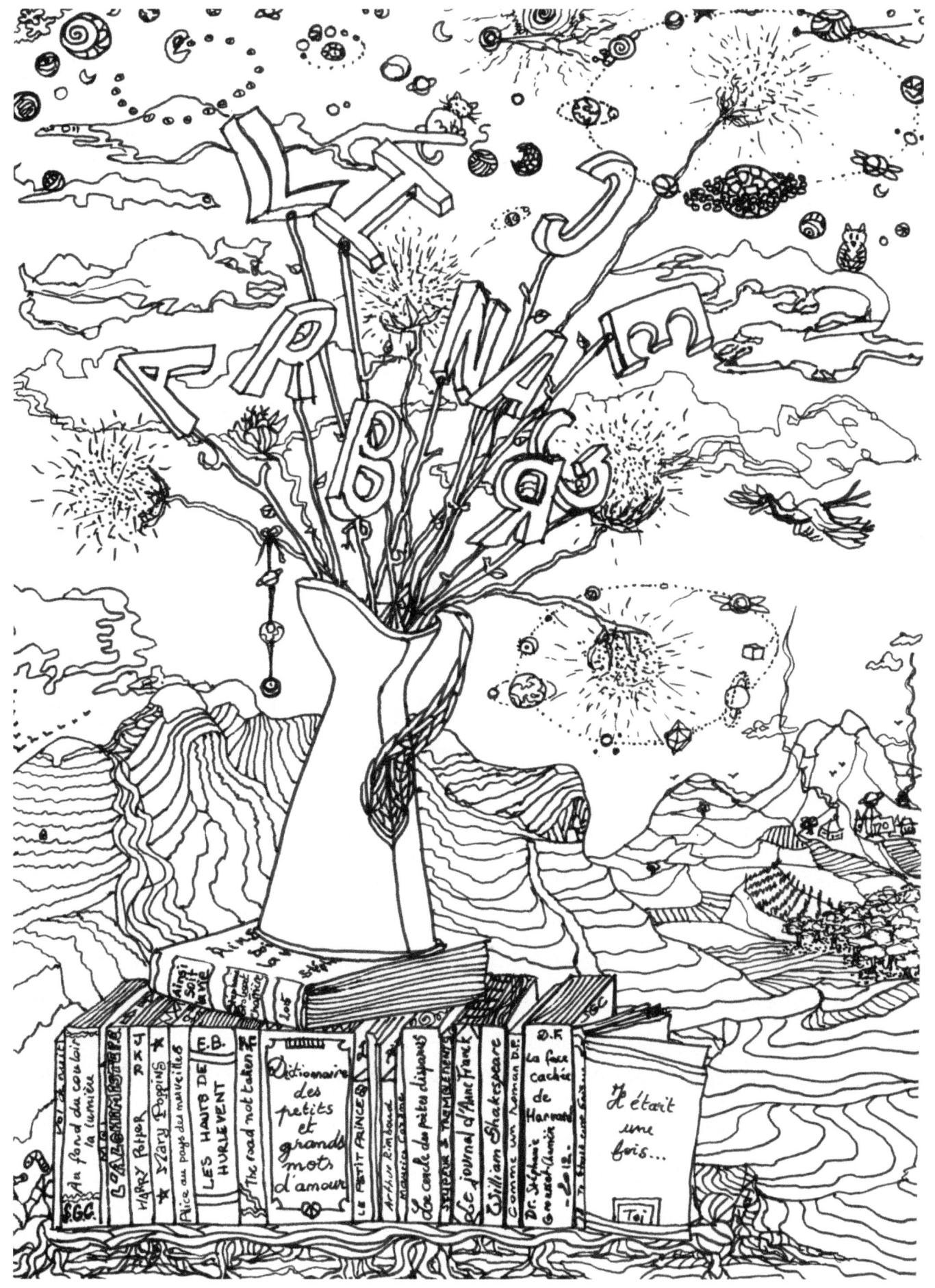

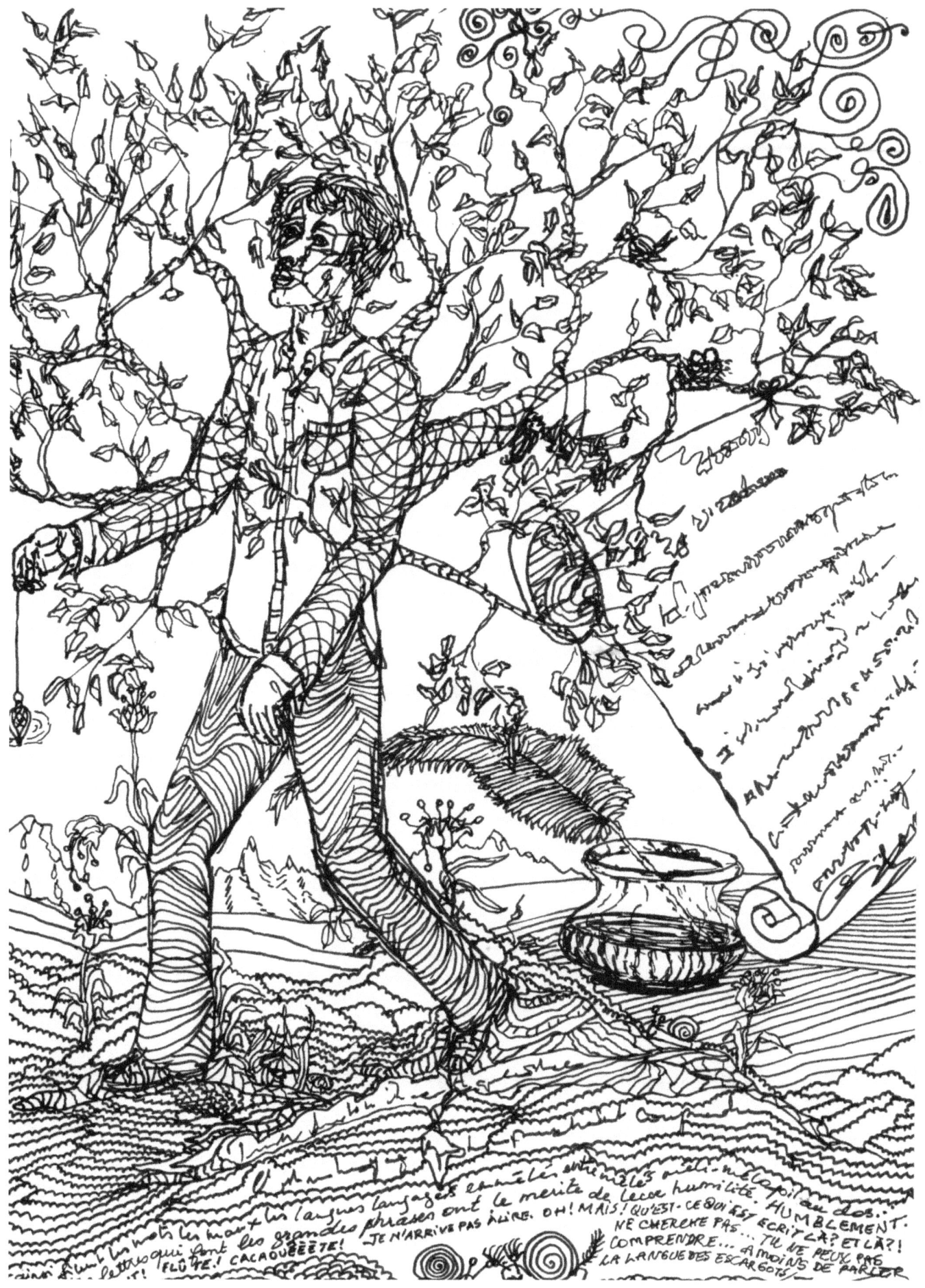

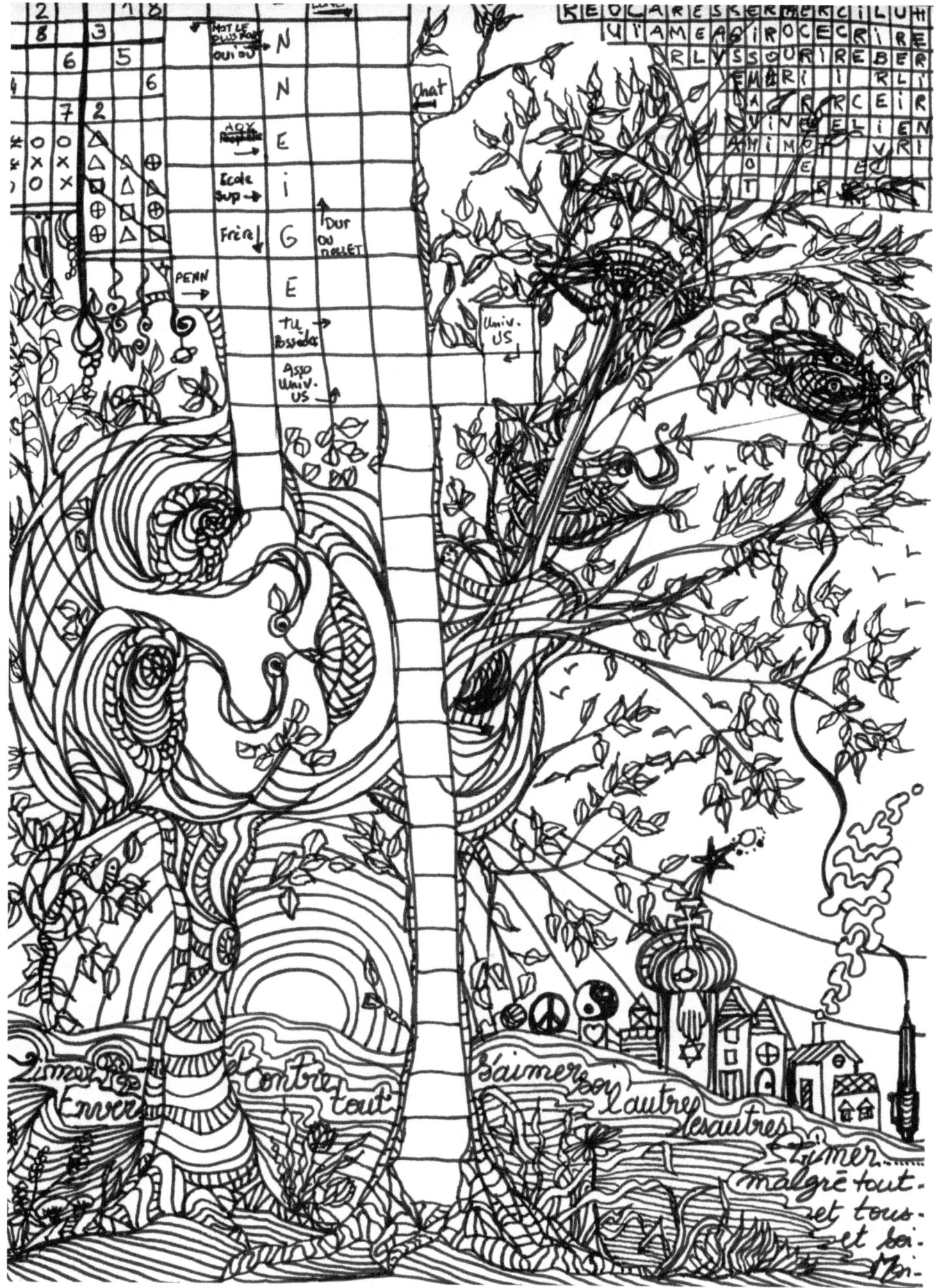

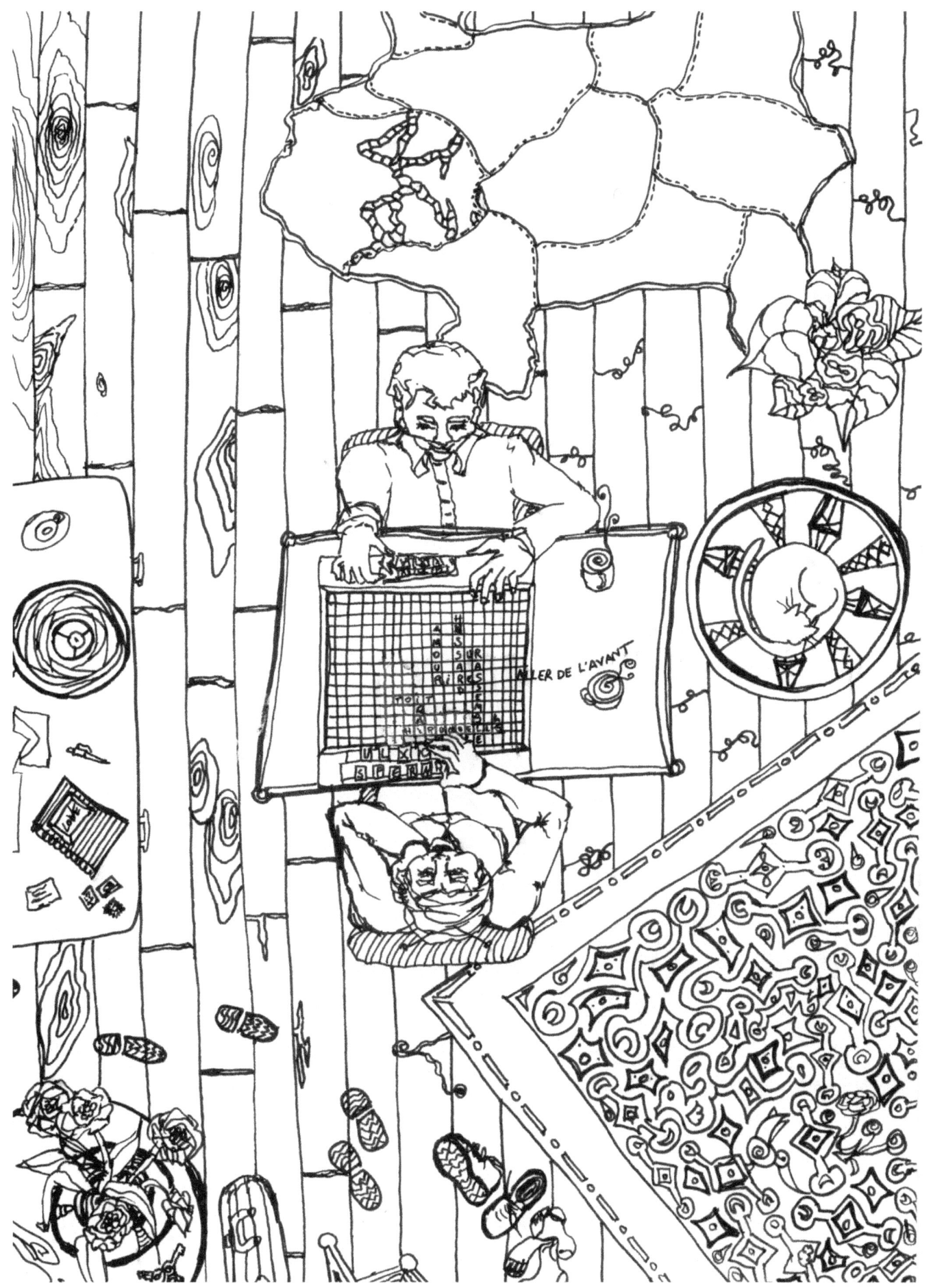

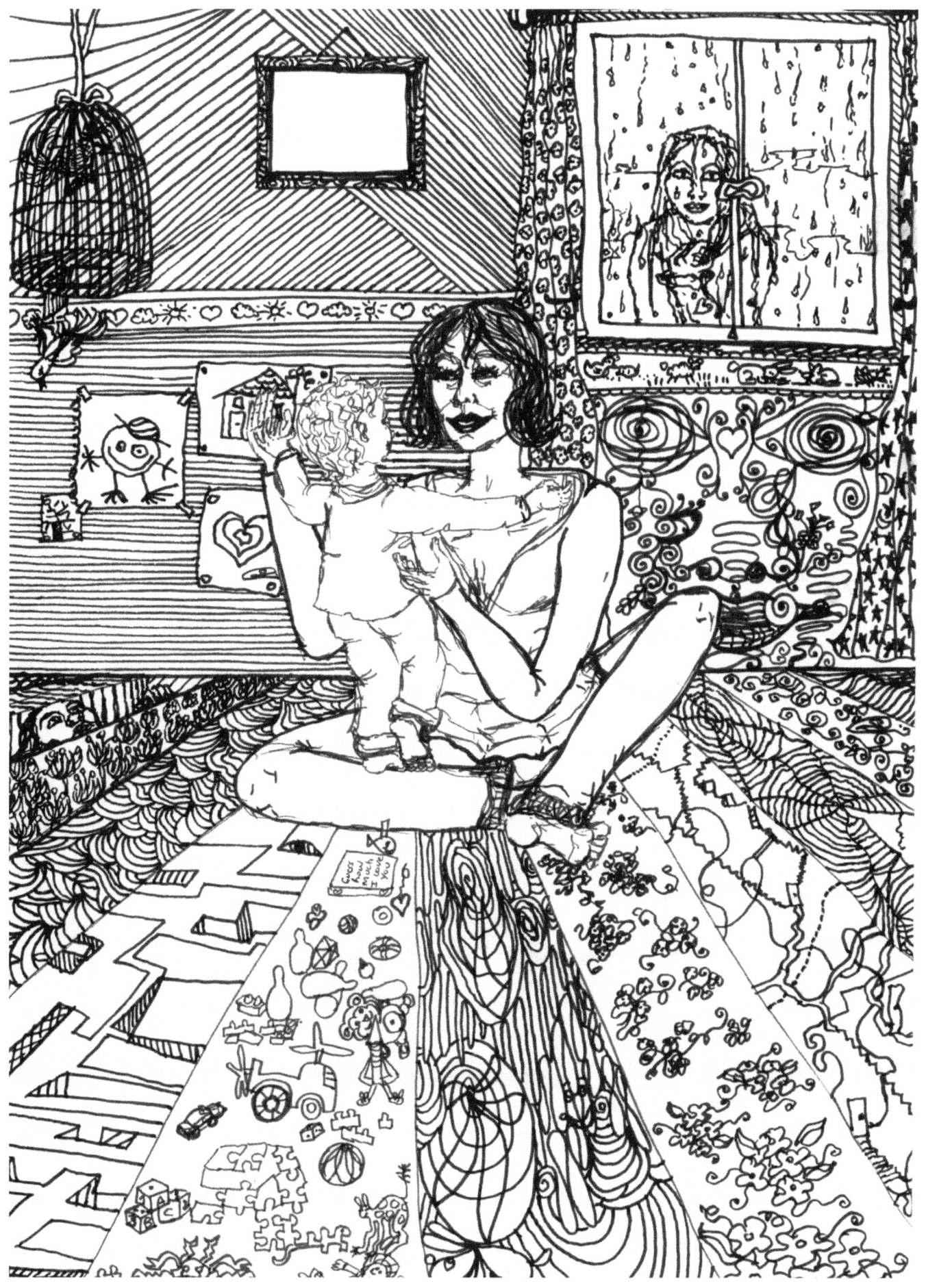

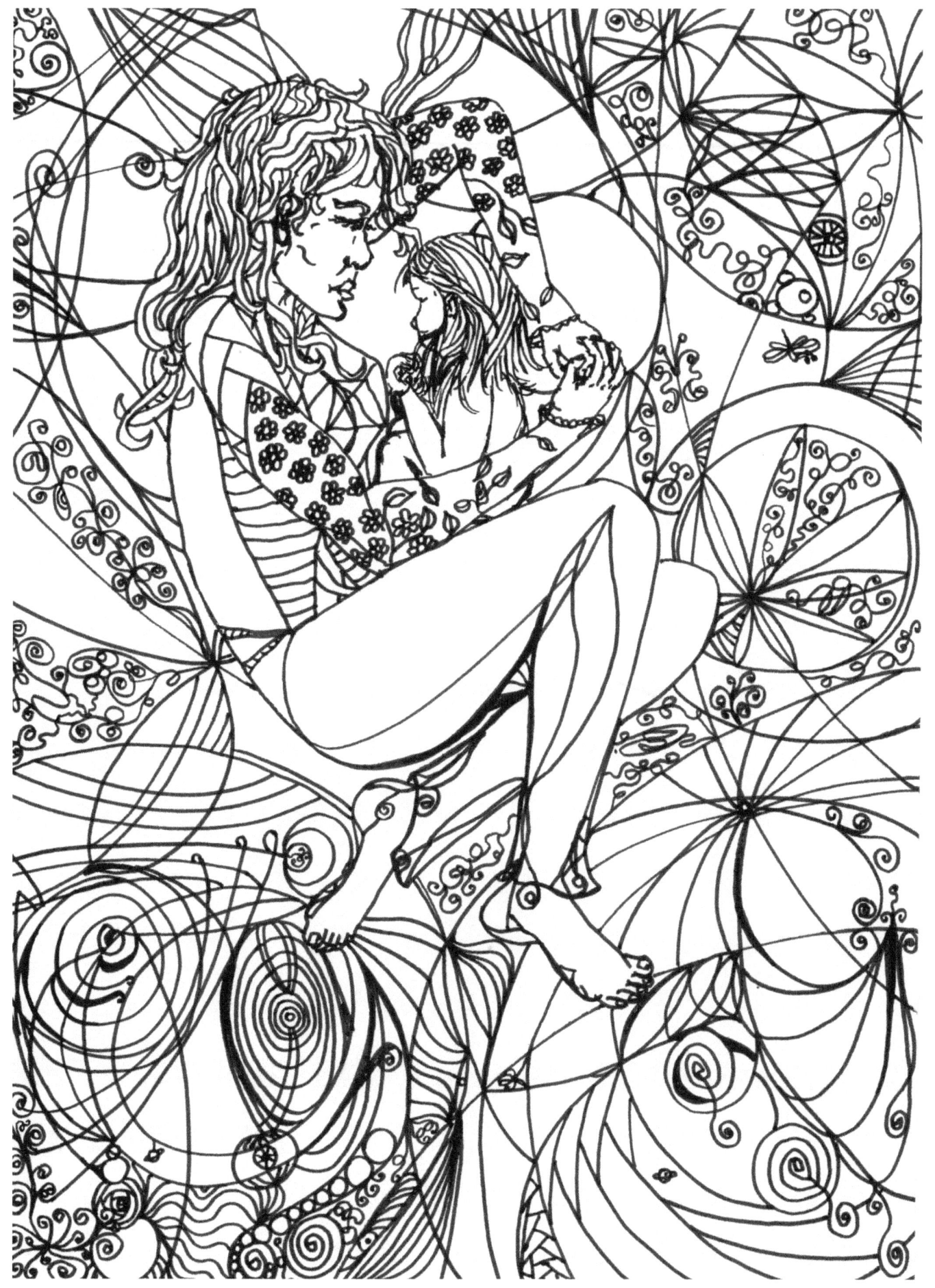

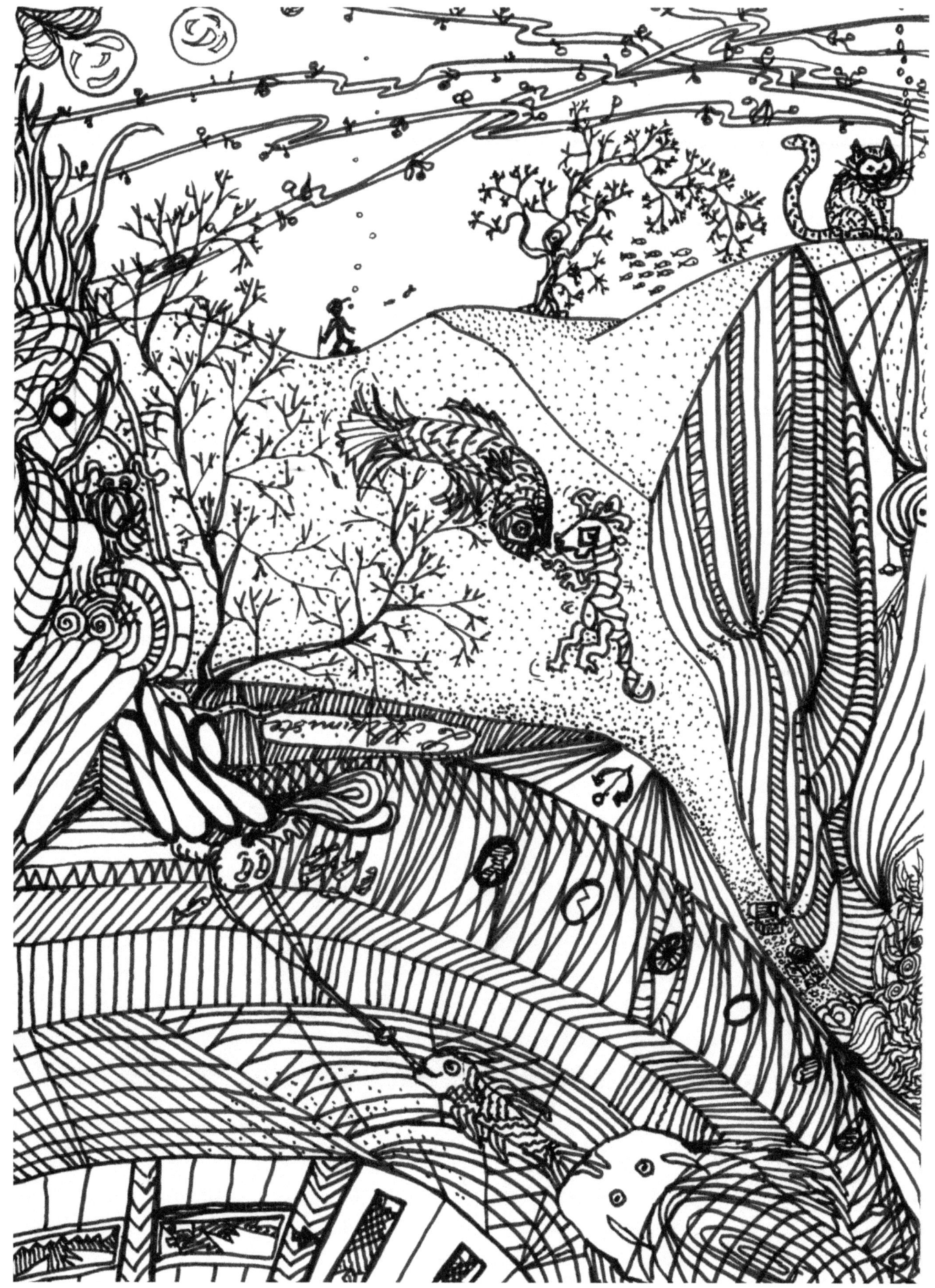

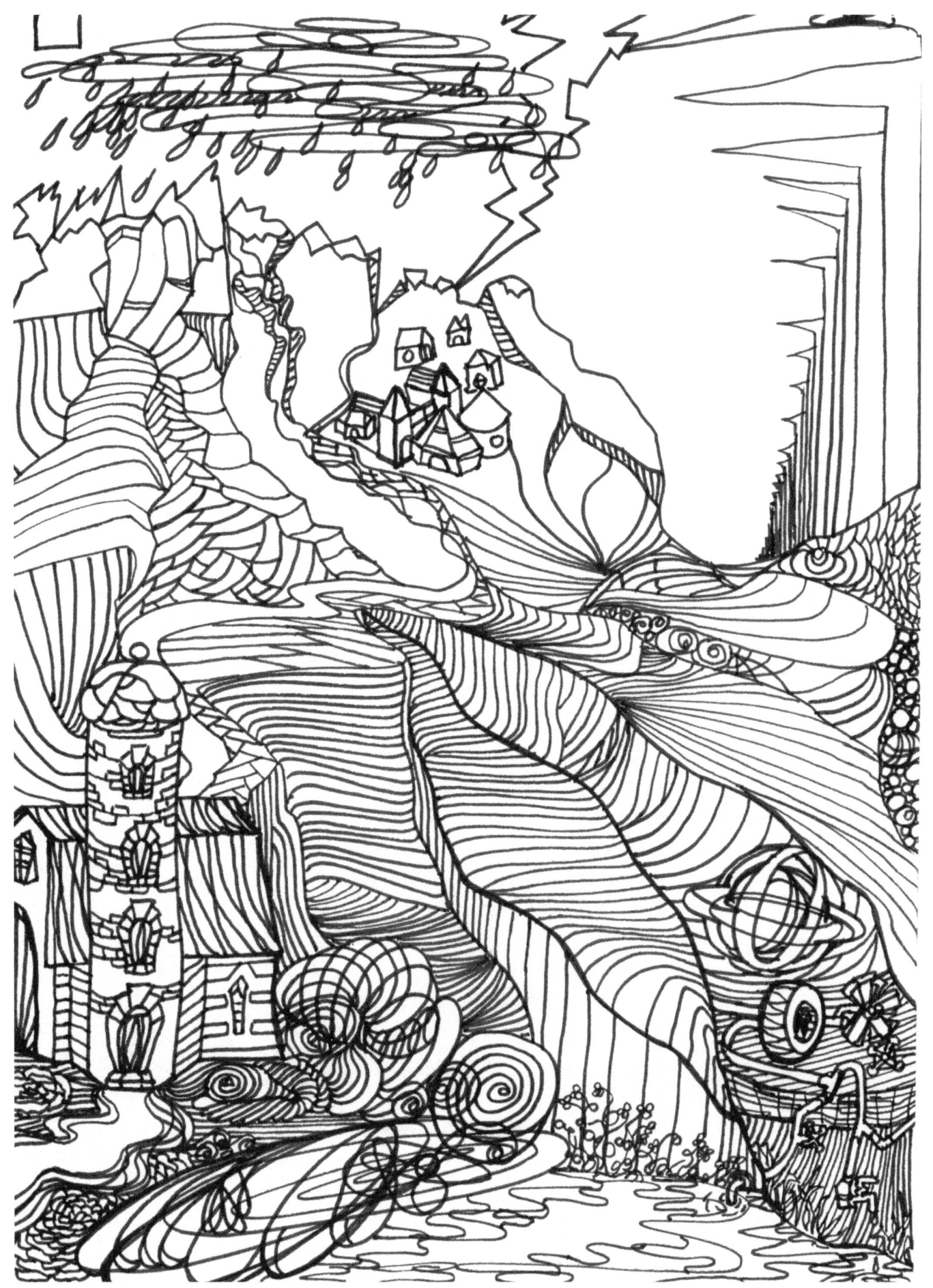

52

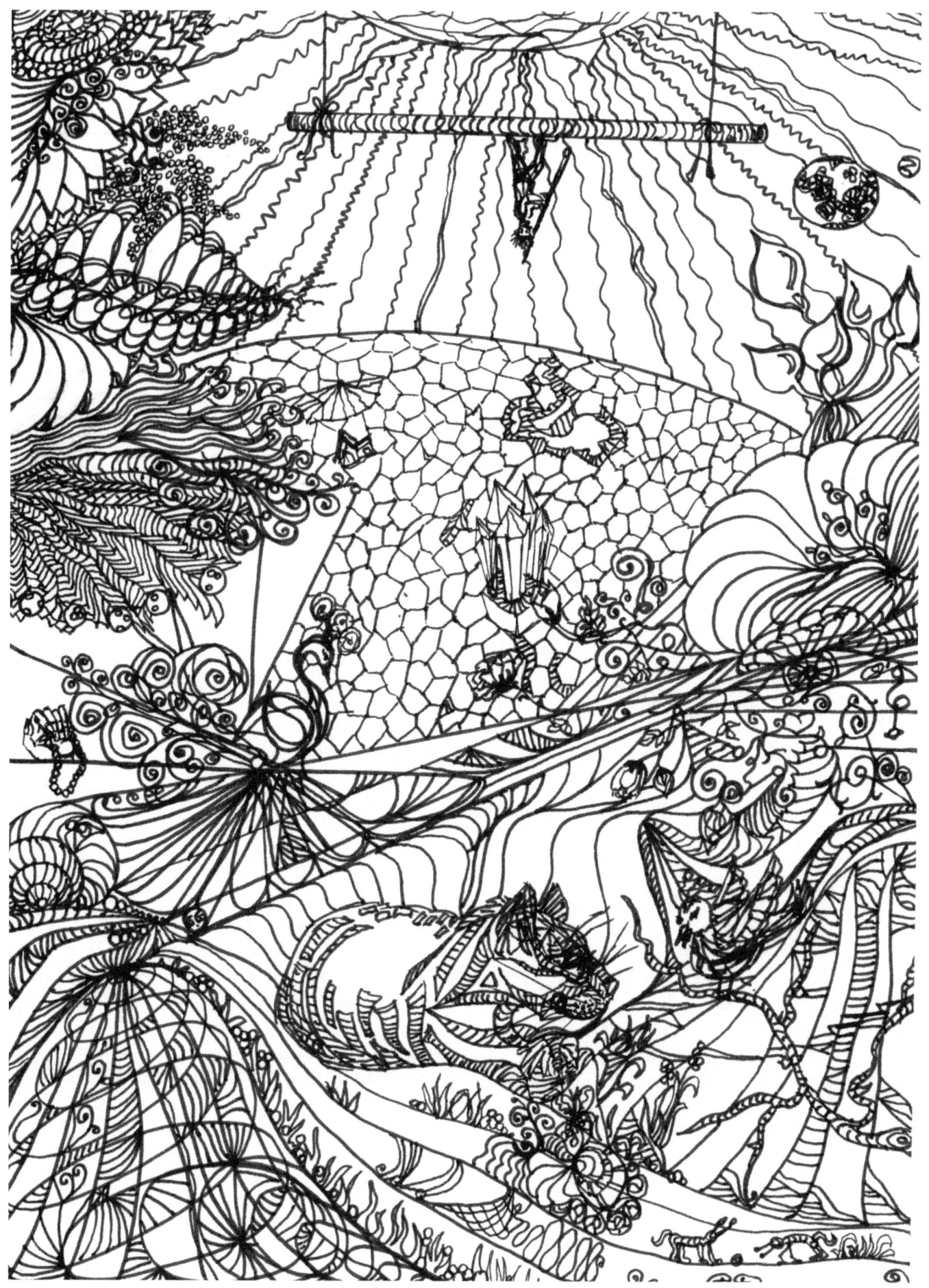

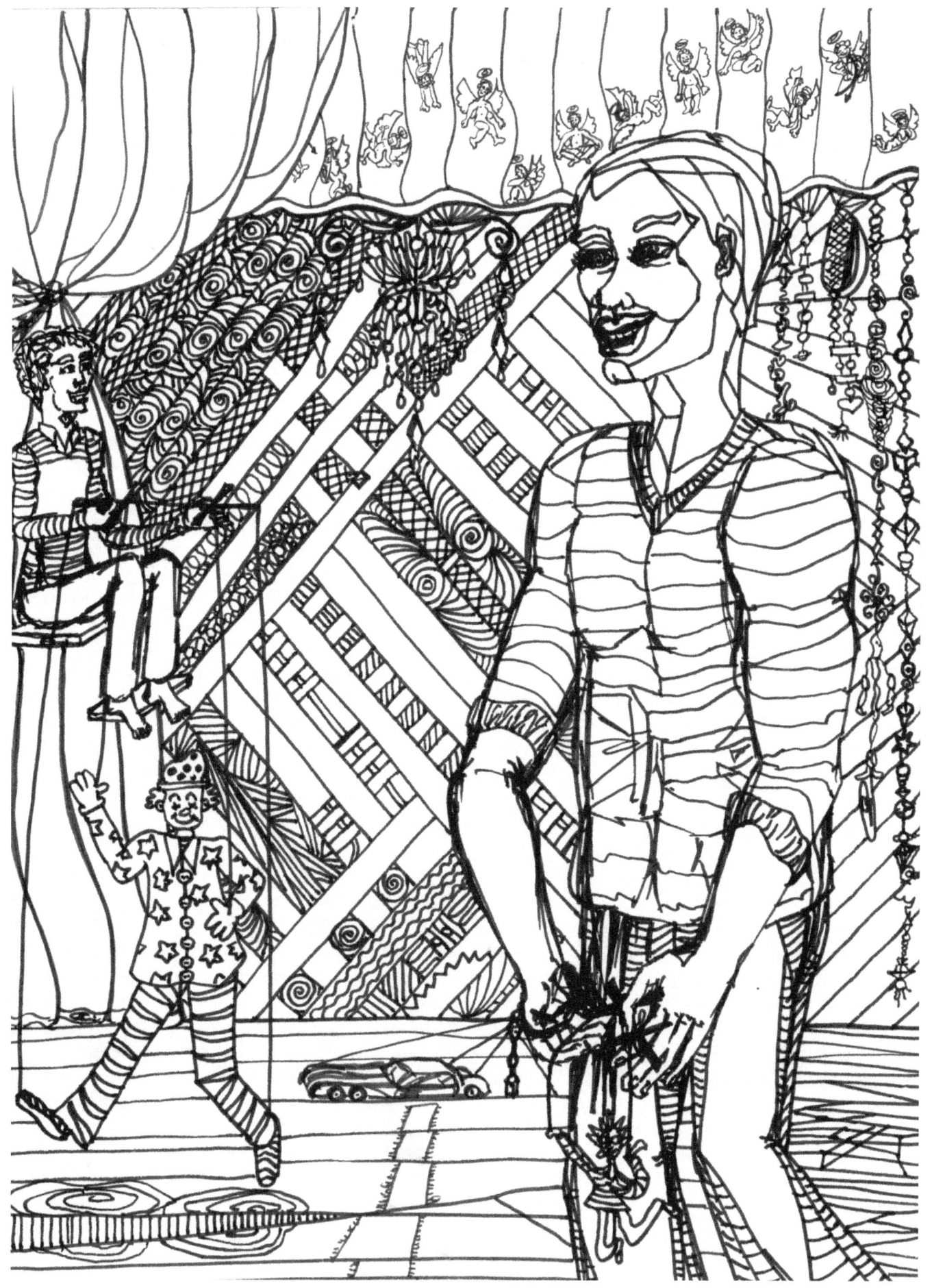

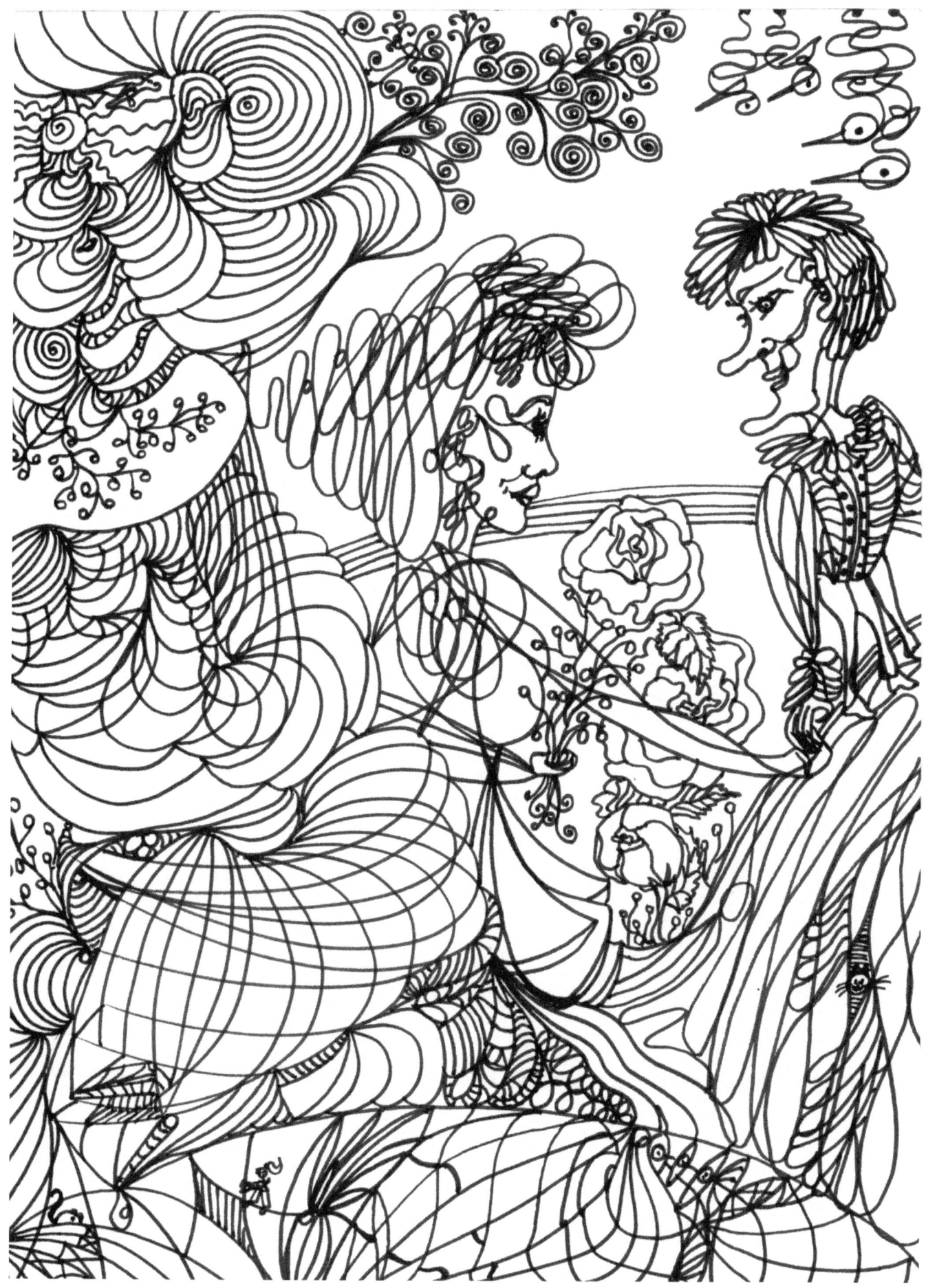

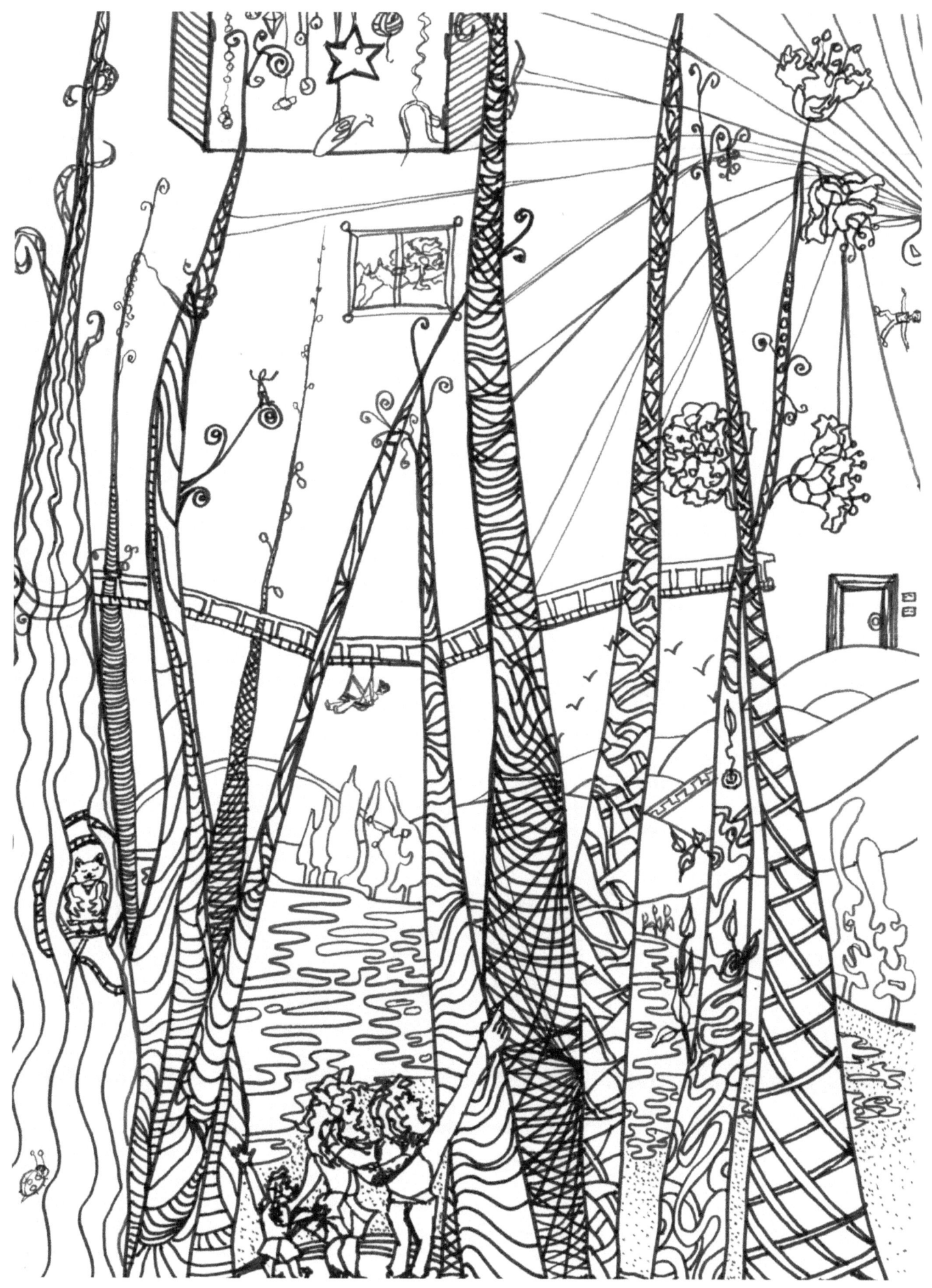

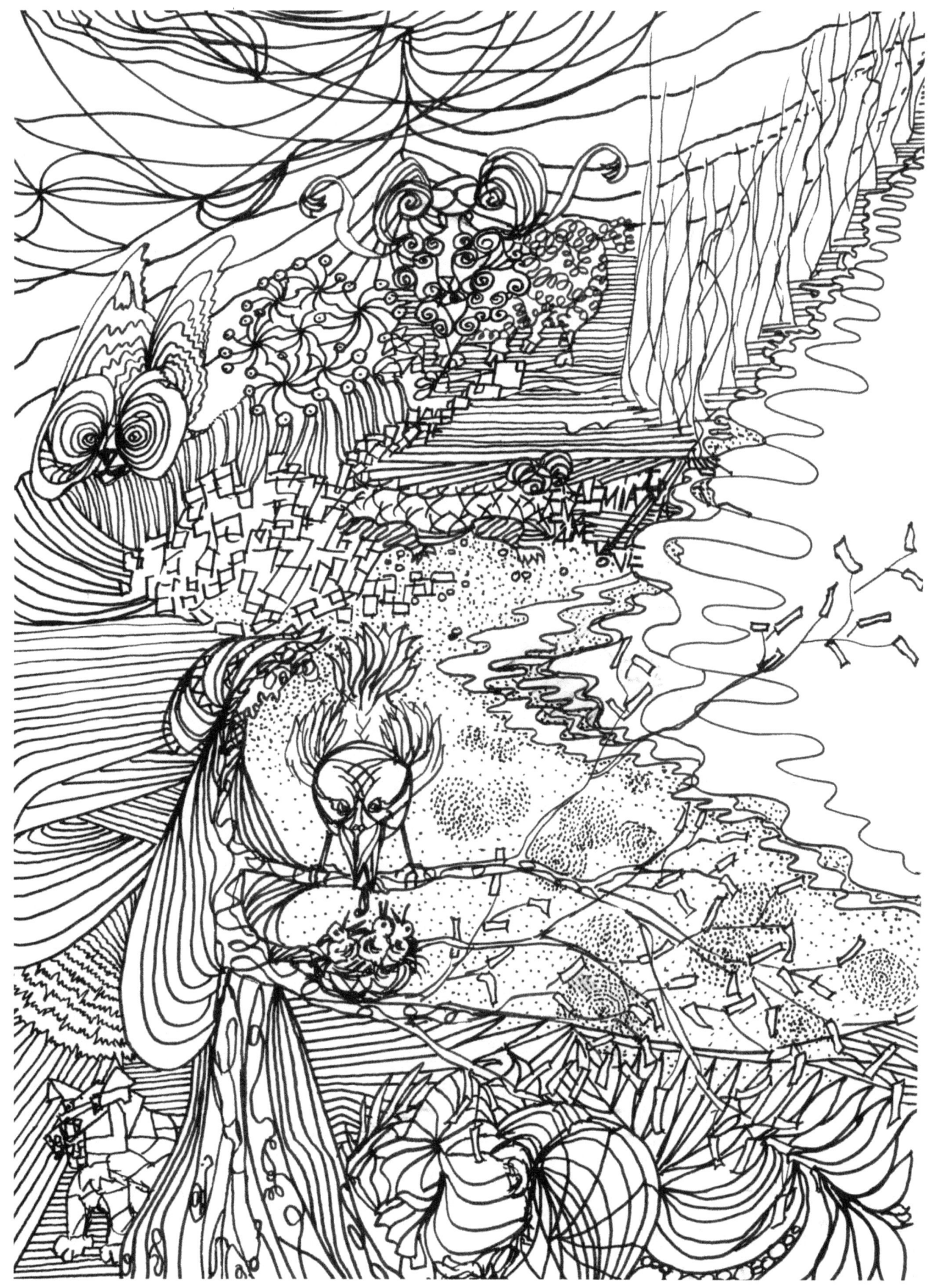

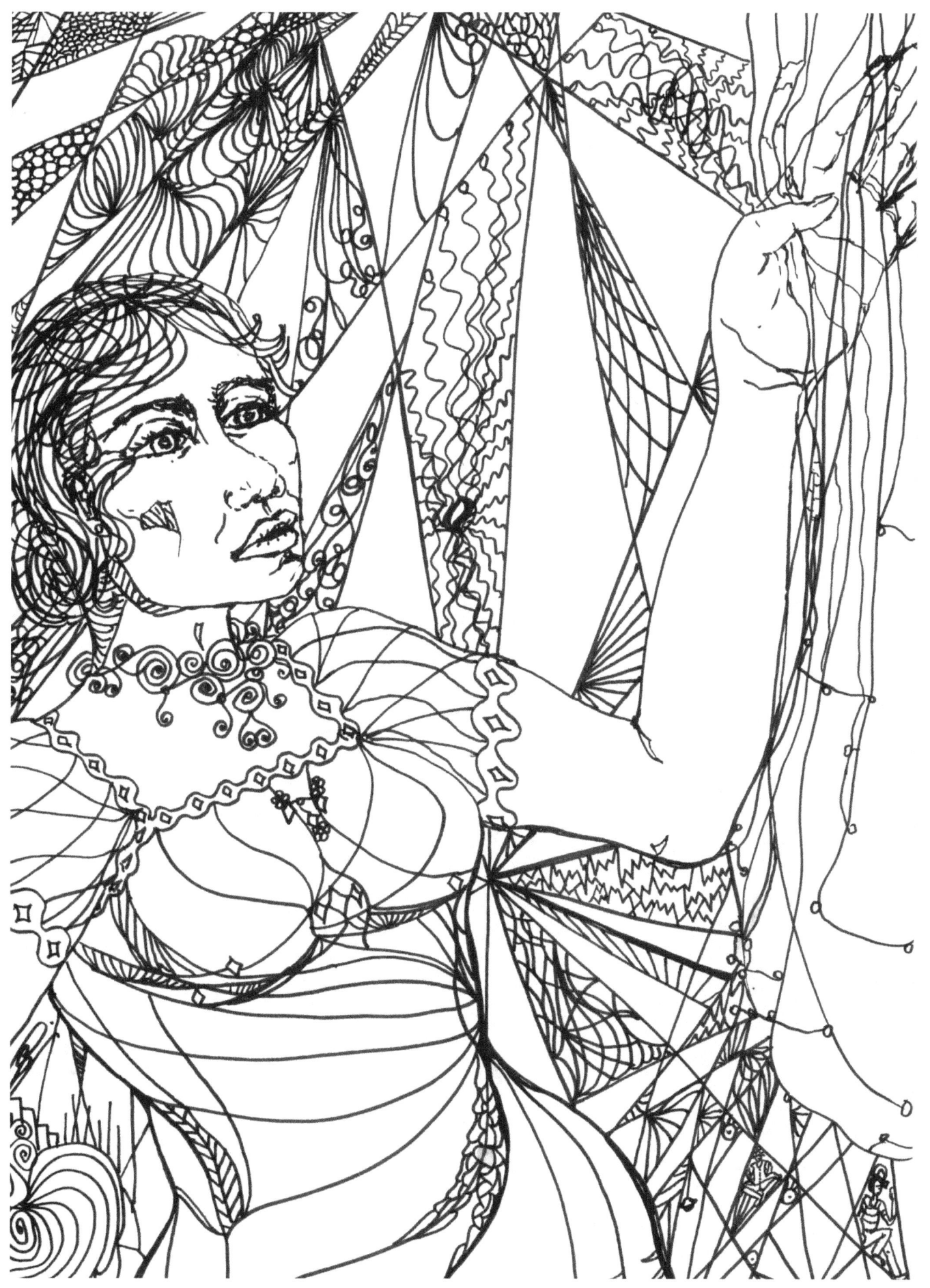

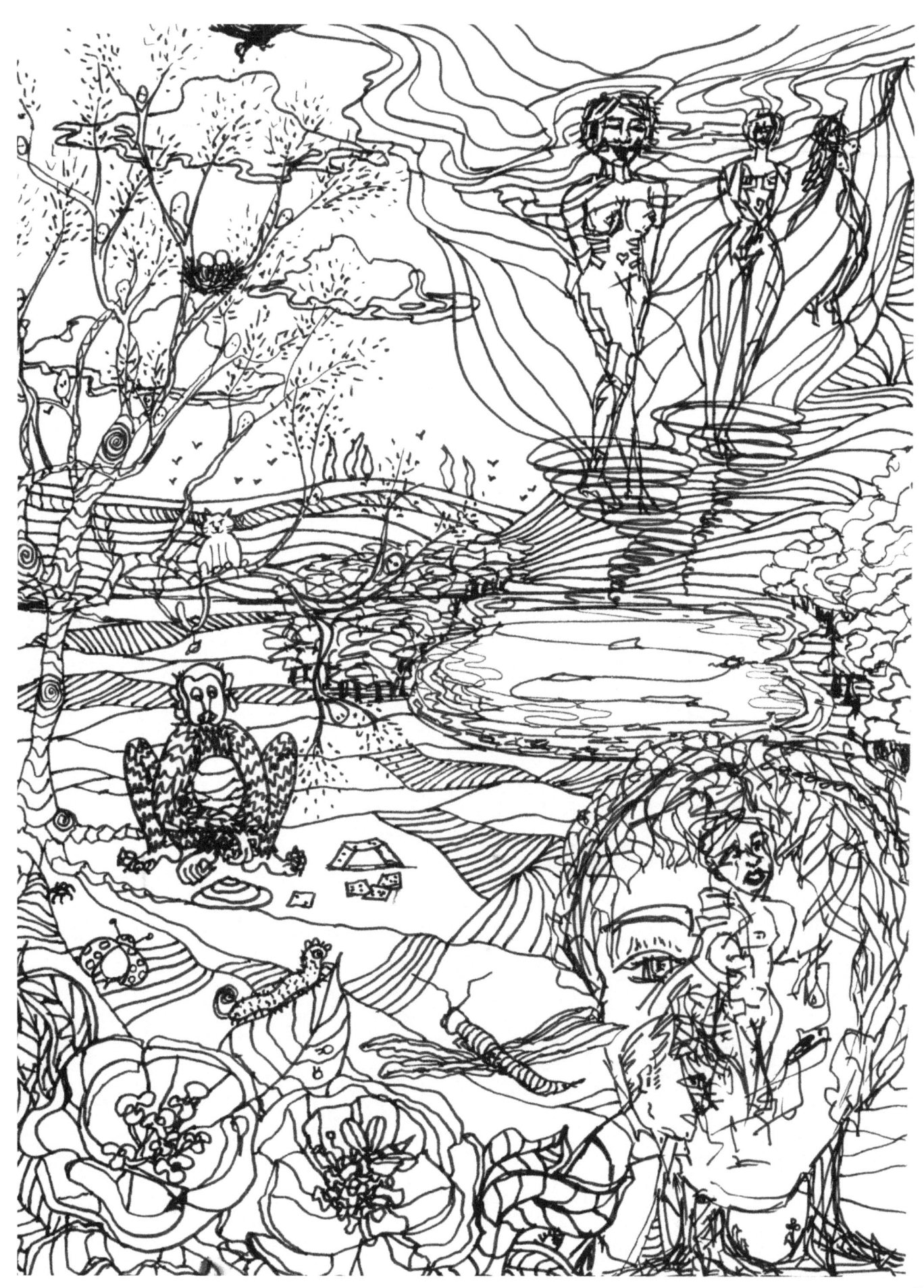

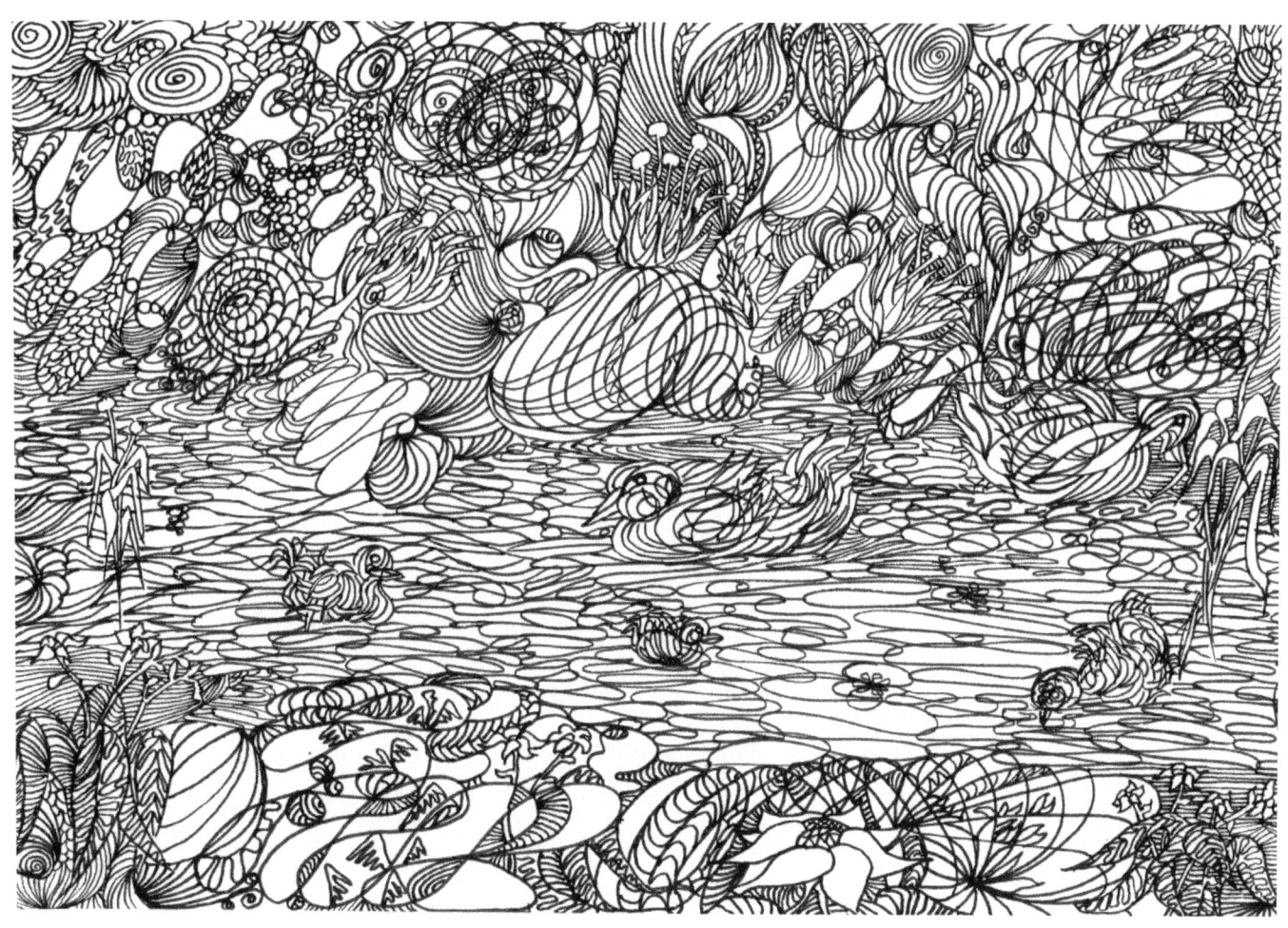